要上天的那一晚

韩劳达主编

郭 宝 崑 剧 作 选 读

郭宝崑(1939-2002)

世界从不虐待或遗忘我们
在孤独中
连玉蜀黍都日日不吝教我：

苗要拔得高
　尽情吸纳阳光
　　还要风雨

根要扎得深
　根才吮吸养料
　　把稳身子

但求在大丰收中
　把自己的所有
　化为三两果实献给人们

1977新春
与大家共勉

岂岚

世界从不亏待或遗忘我们
在孤独中
连玉蜀黍都日日不吝教我：

苗要拔得高
　尽情吸纳阳光
　　　迎受风雨

根要扎得深
　极力吮吸养料
　　　把稳身子

但求在大丰收中
　把自己的所有
　化为三两果实献给人们

1977新春
与大家共勉

宝崑

这首诗是郭宝崑在被监禁期间，写在一张亲手制作的贺卡上，寄送给家人与朋友的。

目录

我要上天的那一晚

郭宝崑剧作选读

目录

阅读郭宝崑的理想主义

柯思仁

如果这本书吸引你慢慢翻阅，在某一个段落，你会读到一个小故事，说一个地理学家有一本大书，里面记载了世界上伟大的海洋、城市、山脉、沙漠。当有人问地理学家：那我们这里有什么河，有什么山？他却总是说不知道。这时，演员就转向观众，问他们知不知道。观众当然知道，而且能够说出好些地名，如新加坡河、花葩山等。于是，演员对地理学家说：“你看，虽然我们没有大大本的书，却知道这些学问。”

你一定像那些观众一样，可以毫不迟疑地说出新加坡的名胜古迹，或者那些让我们感到自豪的成就，如我们的樟宜机场、圣淘沙、排列世界前茅的经济竞争力、将城市转化成公园的绿化工程等等。新加坡虽然只是一个很小的国家，可是我们努力求存，并争取优异的表现。这是一个小国的人民应该有的自信与奋斗精神。我们就像故事里的演员一样，虽然国家小，却对自己所拥有的与创造的东西感到自豪。

不过，你有没有想过，除了这些可以看得到的物质成就，是不是还有什么会让我们感到兴奋与自豪的呢？譬如说，当我们读到中国的鲁迅的小说、英国的艾略特的诗、美国的奥尼尔的戏剧，是不是会想一下，新加坡有没有一个这样的作家，可以和这些20世纪的世界经典作家一样，刺激我们的想像，启发我们的创意？我们在文化、艺术、哲学的领域里，是不是也有一个杰出的人物，向我们示范什么叫做理想主义与人文关怀？

是的，你应该已经猜到，我正是要向你介绍这么一个人物：郭宝崑。

郭宝崑是一个剧作家、导演、戏剧导师，也是一个关心社会的知识分子，一个满怀文化憧憬的理想主义者。他在1965年（刚好是新加坡独立的那一年！）完成澳洲国立戏剧学院的专业戏剧课程，回到新加坡，开始了他的戏剧创作与戏剧教育的工作。1960年代到1970年代，新加坡刚摆脱英国殖民政府的统治不久，各方面的建设正等待着人们去进行。郭宝崑与那个时代的艺术工作者，抱着对于人民大众的热情关怀，准备要共同建设美好的未来。他所编导的戏剧，如《挣扎》、《成长》，表现了一个具有理想的戏剧工作者对于种种社会问题与现象的关心。

1980年代以来，郭宝崑的思考与戏剧表现方式有了相当大的改变。这本书里，特别为你精心挑选的五个剧本，都是这个时期的作品。郭宝崑对社会的反思，更加深刻，也更加强烈。他在作品中，没有提出要如何解决现代新加坡人所面对的问题，却往往展示了一种深沉的人文关怀，告诉阅读或观看他的戏剧的你，人活着，应该思考存在的意义，也应该追求未来的理想。

《棺材太大洞太小》说的是一个现代新加坡人的困境：他有着继承传统的责任，可是必须在制度化的社会环境中寻找一个可以让传统延续的方式。《单日不可停车》里所提及的制度上的不完善对人所造成的困扰，表现了一个人面对问题的勇气。《傻姑娘与怪老树》是一个不被成年人理解的小女孩的故事；郭宝崑要我们想一想：这样一个具有独特想法的小女孩，要怎样面对成年人责怪的眼光？《寻找小猫的妈妈》则换了一个角度，说的是不被年轻人理解的老妈妈；作为年轻人，我们是不是也常常忽略老人家在情感上的需要？《我要上天的那一晚》是一个美丽的童话，充满理想的色彩，让一个天真而有爱心的小王子，带着我们驰骋幻想的世界。

这些都是我在看剧本时的感受，你自己看了之后，想法也许会不大一样。好的作品，本来就是可以引导读者感悟他所生活的现实，又能够让读者的想像力自由飞翔。这几个戏，我已经看了很多遍，每一次看，都有一些新的体会。不过，受到郭宝崑的理想主义的感染，却是每一次都一样的。

我相信你会喜欢这五个作品。我也相信，当你读完之后，你会说：我们新加坡也有杰出的艺术家。我们的郭宝崑，与鲁迅、艾略特、奥尼尔这些世界作家一样，让我们感到自豪。

愿你有一个愉快的阅读旅程。

棺材太大洞太小

不懂为什么，这件事老是要回来。这个梦。

每次我心里烦，我就做梦，梦到这件事。

就是那次葬礼，我祖父的葬礼。

我们都在坟场。我们全家人，我太太、我的孩子们；我的兄弟姐妹、他们的孩子们；我的姨表、姑表兄弟，还有他们的孩子们。那天人多得不得了，我都认不出到底哪一些是亲戚，哪一些不是。

因为，人太多了，大家结了婚，就一个一个离开家，散了。起初，祖父很生气。大家庭分裂的这件事，他很不高兴。

你不知道，我们家的老屋，有很多很多个房间，最少可以住上五十个人。但是在他死了之后，就只剩下我的家庭还留在老屋。还有两个老佣人，他们在祖父生前跟了他五十多年了。

对了，那个葬礼。

你不知道，那口棺材太大了。大得不得了，请了十六个苦力[1]，由他们合力把棺材由灵车扛到坟口去。

那口棺材实在重，重到连十六个人都扛到吃力得要命。他们把它由灵车上抬下来的时候，差一点掉在地上，幸好我们家属冲上去接住。

是么，棺材哪里可以让它摔下去。万一摔破了，当着那么多人，那怎么可以！

说多，那天的人真是多，我看最少有两百人。大多数我都不认识。不过我当时就有个感觉：他们大多数都不是我们家族的人。

[1]苦力：英语coolie，劳工。

不懂为什么，我当时就觉得在被人参观。现在回想起来，我还是那么想：当时有很多人是在参观。

但是话说回来，我们总算把棺材接住，没让它掉在地上，免去了摔破的危险。

于是我们就齐心合力把棺材扛到坟口去了。

我们一边扛，心里就一边埋怨：为什么祖父要搞一口这么重的棺材，为什么那些苦力没有力气扛起一口棺材？

说起来，其实并不奇怪。那些苦力多数都是抽鸦片的，给别人扛棺材不过是帮帮手，赚一顿饭吃。他们怎么会想到那口棺材会那么重?!

不过，我们心里也同时感到很骄傲。无论如何，我当时是很自豪的。

我是这么想的：在这个时代，有几个人的祖父会有这么一口又稀有，又精致，又结实，又光滑，又沉重的棺材？

我敢说，很多人一定是风闻我们这一口棺材非常特别，特地到坟场去观赏的。

嗳，对了，那一天还有不少人带着相机去拍照呢！

嗳，对啦！我记起来了，当我们咬紧牙关拼命扛着棺材向坟口走去的时候，有“滴滴嗒嗒”的声音，那就是他们在拍照！

对了，再讲回来。那口棺材虽重，但是它的问题并不在于它的重，而在于它的大。

它很大，大得出奇，这我们一向都知道；但是我们从没想到连坟口都进不了！

是啊，你会想到么？你会想到你祖父的棺材在他出殡那一天当着两百多人的面前会进不了那个特地为他挖的洞么？

我们都僵住了。我们一个个站在那里，你看着我我看着你，一句话也说不出来。

我敢说，那一定是人类埋葬历史上最滑稽可笑的场面！

你花了这么多的本钱、那么多的精力、那么多的感情搞了那么大的一个葬礼，有两百多人来观看，结果呢？

——那棺材进不了坟口，因为那个洞太小——或者说棺材太大——唉，不论怎么说，它们不配。它们不配！棺材进不去！

于是我们就站在那里，看看棺材，再看看坟口。看看坟口，再看看棺材。

突然之间，所有的哭声都停了下来。

不过，没有一个人敢笑。

嗳，你想想看，如果你是我们家里的成员之一，你能笑么？

我是说，假如这是你爸爸、你叔叔、你祖父或者你叔公的葬礼，而他的棺材太大进不了坟口，你要怎么办呢？

你要把他从棺材里抬出来，单把尸体放进去？

还是把棺材和尸体原封不动，找个别的地方下葬？

还是把棺材扛回去，等坟口挖大了，改天再来？

还是要怎么样？

你看是不是？这是件很严重的事，你不能笑的。你说什么也不能笑的！

老实说，当时我倒真想哭！

你要知道，我是长孙，我是葬礼的主持人，因为我叔叔我爸爸他们都早就去世了。

那既然我是一家之主，又怎么能哭呢？

我要想个办法才行啊！

于是，我开口了。我把殡仪馆的负责人叫了过来，我说：

“嗳，为什么这个洞那么小？”

他说：“不是的，先生，洞不小，是棺材太大。”

哇！老天爷，我气得要命，你想想，他这像话么？我祖父正躺在那口棺材里而那口棺材又进不了那个洞而这殡仪馆的家伙却还要来跟我谈相对论。

你想想看，到底是棺材太大，还是洞太小，那有什么不同？进不去就是进不去，是不是？这才是问题所在，是不是？

我气得要命，我气得要跳！可是，现场有那么多人，人人都在望着我，等我做出一个决定，拿出一个办法来，我怎么能生气呢？

于是，我定了定心，很有礼貌地对他说：

“好，不管它是棺材太大，还是洞口太小，问题是棺材进不去。我问你：为什么你不先量一量？”

“先生，这是标准尺寸。我们不知道令祖的棺材如此之大。不瞒你说，先生，我一生还没有见过如此之大的棺材。在家父那个时代——”

“好了！”我想他是要告诉我，他爸爸当初有处理过如此之大的棺材，因为办丧事是他家的祖传事业。

可是我马上停住他。我说：

“好了。别提啦。赶快把这洞挖大一点。”

他听了一愣。他看看我，看看棺材，再看看洞口，又看看我，然后说：

“先生，我看不行啊。”

“不行？你是说你不肯挖？”我追问他。

“不是，先生。”他说。“我怕要把坟口挖到可以容下这口棺材，恐怕这块地不够大。如果硬要挖，周围的土墙可能会倒塌。先生，我们得按照标准的尺寸来挖啊——”

“那好，你就给我多拿一块地吧。这样就没问题了吧？”

哗，我真行！我心里想，我的脑子真不错，冷静灵活，当机立断，在最沉痛的时刻我竟然还能保持稳定，真是可圈可点。

可是，我错了。

“先生，那恐怕不行，”他说。“也许您不知道，先生，按照条例，每个人只能拨给他一个坟位。您怎么能一个人占两个坟呢？”

“谁说要两个坟了？一个人，一口棺材，一个坟。只不过面积要多一倍！”

“先生，我就是这个意思啊。那是条例不容许的。您看看这坟场上那么多坟墓，尺寸全都是一模一样的。没有一个人用两个坟的。每个人都是标准尺寸的。”

“那我们要怎么办呢？”这时候我心里开始发毛啦。

“先生，你看这样好不好：换一个比较小的棺材。我们有各式各样的棺材。我们也有很大的，当然没有这口这么大，但是那一种是既大而又能装进这个坟口的。我们连柚木的都有，非常耐用……”

“不要说了！”

你可以想像当时那个场面有多么难堪么？我们整个家族都笨笨地站在祖父的棺材旁边，听殡仪馆的人向我们推销他的棺材。

“不要说了！棺材我已经有了，现在我要的是多一块坟地，你明白么？”

“那是不可能的，先生。你看，工工整整，整整齐齐，满个坟山，一望无际，一个人一个坟，破格的事，绝不允许！”

“够了！”

这家伙太岂有此理了，不但推销，而且还跟我作起诗来了。两百多人在看，我们全家人披麻带孝，祖父躺在棺材里进不了坟口，这是你朗诵诗歌的时候么？

“走，跟我见官去！”

我一把拉着殡仪馆的家伙上了车，直奔主管坟场的部门。临走前我对大家说：

“各位亲友，很抱歉，因为某些技术问题，葬礼中断，吊丧乐队在此，请大家欣赏一段音乐，我去去就来！”

但是，随后我就发现自己的决定做得太鲁莽了。因为，在冲进主管部门的办公厅的时候，每个人都睁大眼睛看我，我这才醒觉到自己还穿着一身孝衣呢！

算了，既来之则安之。为了使祖父早点得个葬身之地，管不了那么多了！——不过，为了礼貌，我决定叫殡仪馆那家伙先进去交涉。我想，不到万一，我这一身打扮最好不要亮相。

可是他一进去就碰壁了。因为房间没有密封，他劈头就被大骂的那些话，我听到了一大部分：

“你令我失望，你叫我生气。以你的经验和背景，应该非常清楚我们的一贯政策。不论是谁，我们一视同仁，同等对待。你天天出差，还看不清么？——工工整整，整整齐齐，满个坟山，一望无际，一个人一个坟，破格的事，绝不允许！”

“哇！”我脑子里马上闪过一个念头：“怎么办丧事的人都那么诗情画意啊！”

可是，当时我哪里还有兴致来欣赏这个。我顾不得礼节，没有敲门没有问，直接就冲进了主管的办公室。

“先生，请您注意。我祖父已经装进了一口特大的棺材；现在，棺材太大洞口小，祖父有坟进不了，我们家属心里很不安。请您特别开恩，给我们多一个坟位！”

那位主管先生愣住了；毫无疑问，是我那一身打扮把他吸引住了。他看看我，看看殡仪馆那家伙，坐下来，想了想，抬起头，对我说：

“棺材太大？”

“棺材太大。”

“洞太小？”

“洞太小。”

“唔——”他的眼珠在转，闪着高智商的光芒；我知道，那是他肩头上那台超级电脑在快速操作。

“根据你们提供的数据看来，有几个方案可以考虑：

一、换进一口较小的棺材；

二、改去埋在私人坟场；

三、把前后左右多余的木材削平；

四、干脆把尸首移出来，用席子包起来埋葬。其实这第四个方案还有一个额外收获，就是把那口极其特殊的棺木留下来摆进博物馆陈列。

不过，我想这些你们都考虑过了，觉得不近人情。”

“嗳？——”我想。“嗳？这人还不错，说起话来倒是很有人情味嘛！”于是我就插嘴说——

“是啊，先生，您是明理人，现在棺材已经到了坟场，既不能换地方，也不能换方式，唯一的办法是多给我们一个坟位——”

“唉！那怎么可以！那是违背国家的规划的。我国地小人多，土地异常宝贵，讲人情是不能违背国情的！——嗳，我倒有个折衷办法。如果你祖父隔壁有个小孩子下葬，那就好了。为了避免你祖父的坟挖得太宽而使土墙崩塌，我可以通融一下，特准你们两家把两个坟挖通，一齐下葬；等埋好之后，在地面上再按照规格划定坟界。那样，就于公于私全都照顾到了。不巧的是，今天没有小孩子——”

“嗳，有！我有！我有！”那个殡仪馆的家伙插嘴了。“不过，停在我们馆里的那个小孩子要两天之后才下葬，不知先生愿不愿等等？为了圆满解决这件事，我愿意让令祖在我们馆里住两天，不另收费！——”

“不能！不能等！我也不要等！”

这时，我也不知从哪里来了一股傻劲。我说：

“我祖父下葬，既不是酱油装瓶子，也不是黄梨装罐头；既不是建房子砌砖头，也不是停车场划位子。我告诉你，现在有两百人在坟场站着，我祖父在棺材里躺着，如果你不多给我一个坟位，让他老人家平安下葬，我……我们全家今晚就在坟场露营！……”

哇！我也不知从哪里来了一股冲劲，唏哩哗啦竟然爆出了那么多东西！

讲完之后，我很兴奋，也有点后悔，担心会引起不良后果。但我又想：“管他！一个人一辈子能有几个祖父可以葬？不好好干，对得起祖宗么？”

而他呢？先是愣住了，随即走出房间，向上司请示。几分钟后，拉着长脸回来了。

“好。既然你们已经在坟场了，而且经已证实棺材的确不能入土，那我就破例一次。因为我们不要叫国内外人士误会，说我们不尊重传统，连死人也不留余地。但是，你们听好！——”他指着殡仪馆那家伙——

“你们听好：只此一回，下不为例。一个人一个坟！而且要确保他们每个人的棺材都符合我们那坟地的标准尺寸。记住：标准尺寸！”

终于，我们把祖父安葬了。不过，由于棺材太大，人家是直放，他却是横放的。

那确是一场隆重的葬礼，当我们回到坟场的时候，人群早已“膨胀”到七、八百人。而且，不懂为什么，报馆、通讯社、广播电视台全都来

了，使这件事成了当年国内十大新闻之一。

当时我有一点担心那负责人会误会：怎么多给了你一个坟位还要给我宣传。可是过不久我就放心了。我知道即使他当初对我有意见，后来也会改变的。因为，他就因为这件事，而获选当年最有人道主义精神的杰出人物，得到一个光荣的奖状！

至于我呢，不懂为什么，这件事常常在梦里回来。

次数多了，我就不由自主的常想：“我将来应该办一口怎样的棺材呢？”

祖父的棺材的确很有特色，可是人家抬不起，坟口装不下啊！

要搞个标准型的呢？……方便是方便，就怕是全都一个样子，将来子孙们会把祖宗的坟搞乱啰……。到底怎么办才好呢？……不知道……我不知道……

导读

韩劳达

这个剧本用人物独白的方式，读起来就像是听一个朋友说他的故事。你以听故事的心情来看书，看着看着，会被卷入主人翁（故事中的长孙）所面对的困境中。这是个既写实又带着荒诞的困境。说它写实，是因为这样的事情完全有可能发生；说它荒诞，是事情的发展和冲突的形成，令人感到匪夷所思。

记得宝崑在写这个戏之前，曾经和我谈起一些旧时大户人家关于葬礼的习俗。老一辈的人非常讲究身后事，除了遗嘱（有时只是通过口述）一定详细交代之外，还健在的时候就企划着终老之后，怎样处理葬礼。火化还是土葬当然是首要考虑的，更细节的部分诸如用什么规格的棺木；以什么东西陪葬；怎样布置灵堂等都会有所交代。有的老人家还预先请人量身定制棺材，亲自选木料，甚至督工至取货，然后放在家里的一个空房里。在不兴火化的年代，华人最忌的就是“死无葬身之地”。因此，棺木、坟地都是很早准备的。

剧中棺材的大，看似夸张，其实有真实基础。

棺材大到蔡厝港坟场的坟口无法容纳，是因为坟口的尺寸是规定的，不能

擅自更改。这就引发了一连串的矛盾，并且制造了矛盾激化后如何善后的悬念。你会很想知道这样的事发生在新加坡会有什么样的结果，加上叙述者在极端无奈的心情下还经常语带幽默，使故事有强大的吸引力。

种种由人定下的规章制度，首先是从行政和管理上的方便来考量。这本无可厚非。问题往往出在执行者的盲从加上强势态度，一是一，二是二，law by law，毫无回旋的余地。这就造成了制度的刻板、僵化，甚至非人性。坟口的尺寸既定，没有考虑如果出现棺木大于坟口，有何灵活机制？毕竟，人的身高、体格和棺木的大小都可能有超出寻常的情况。如果条规的制定者和执行者不承认对异常情况的估计不足，一味地为制度辩护，那就只有使制度更僵化，使人情更冷酷。

主人翁自己也没有料到葬礼陷入僵局，几经波折都不得要领，祖父竟然无法入土为安。他不顾自己一身丧服打扮，冲到主管部门去。矛盾发展渐趋激化，可以想像，几百人的送葬队伍加上记者、看热闹的，围在那口特大棺材和那个“标准型”坟口处，等着事情有个结果。主人翁不为祖父、不为自己力争到底是不行的。你作为读者或是观众，也会为主人翁感到揪心。尤其是受尽规章制度之苦之累的人，一时恐怕无法揣测事情能否合乎情理地解决。

于是你非看下去不可。看那名主管人员的几个解决方案，让人感到心寒。换一口较小的棺材；改到私人坟场；把棺材周围的木削掉；把尸体拿出来用草席包裹，“草草”下葬，还可以把棺材摆到博物馆陈列……

最后一个方案当然叫人啼笑皆非。其实，在维护制度的名义下，那名主管不会尊重死人，当然也不会尊重活人。

重要的是：所有的方案，都不针对“制度”，没有人质疑“制度”应不应该灵活变通。即使是他以为很通融的办法：刚好（注意：必须是“刚好”）隔壁有个小孩要下葬，可以把两个坟口打通，两人“合葬”，他还不忘维护制度，“埋好棺木后在地面按规格划上坟界”。——即使是给不合理制度遮羞的表面文章也要做到不露痕迹。宝崑走笔至此，可以想像他难抑内心的激愤，用嘲讽手法作出无情的鞭笞。

在主人翁对主管人员发怒后，请示上司的结果，是勉强以“下不为例”作为妥协的方案，还一再强调谁要是死了，得记住：棺材必须符合坟地的“标准尺寸”。

最后，作者还不忘幽默地给主管人员一个“人道主义精神”的奖状。读者诸君不难想像：要是遇到下一个特大号棺材，而两旁都已“满座”，没有办法以多买一块坟地来解决，那该怎么办？

1989年4月，这出戏在南京小剧场戏剧节公演，导演是已故中国戏剧大师黄佐临。据宝崑描述，黄佐临为棺材的下葬做了更大胆的处理：既然条例严苛，

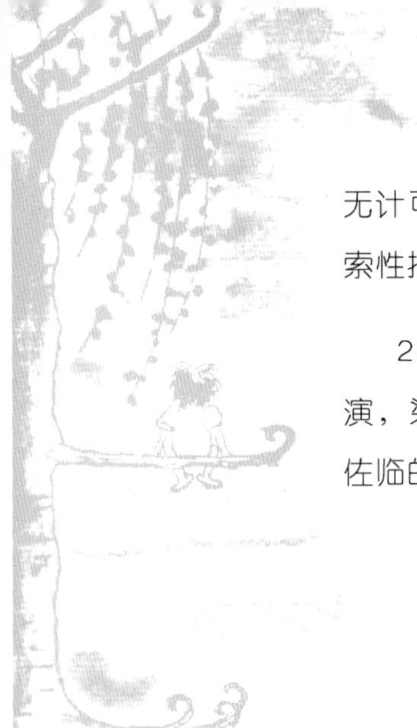

无计可施，连买多一块坟地都不行，他索性把坟坑往下挖，让棺材垂直下葬！

2001年新加坡艺术节，由林仁余导演，梁志强主演的演出版本，采用了黄佐临的处理，主人翁还幽默地说："想不到祖父也'Stand up for Singapore'！"演出时立即哄堂。

这个以嬉笑怒骂笔调写的悲情故事，让人笑中带泪，坠入沉思。

作者简介

韩劳达

1970至1990年代活跃于华语剧坛，著有《劳达剧作集》、《信步走过—80年代新加坡华语剧坛》、《陈嘉庚》、另有三本相声专集，一套儿童文学集《鱼尾狮的故事》。1990年获新加坡文化奖。现任新风相声学会主席。

问卷

选择题

1 棺材太大，进不了洞。葬礼陷人僵局，问题的症结在哪里？

- ❑ 祖父定制棺材时不知道葬坑的大小。
- ❑ 坟场的规划非常标准，不允许有任何改动。
- ❑ 当局没有通知人们要注意葬坑的尺寸。
- ❑ 葬礼主持人没有做好事前的调查工作。

2 以下哪一点**不是**主管坟场部门的负责人提出的解决办法？

- ❑ 把葬礼改在私人坟场。
- ❑ 换一口可以下葬的棺材。
- ❑ 把旁边的一个坟位买下来。
- ❑ 把棺材前后左右的木材削平。

3 那名主管部门的负责人请示上司后，事情获得解决，关键在哪里？

- ❑ 这名负责人不知道条例也有灵活变通的可能，他的上司却知道。
- ❑ 主人翁的态度强硬，如果不能解决，将引起严重的法律问题。
- ❑ 他们能想到的办法都想过了，可是没有一个办法行得通。
- ❑ 送葬队伍在坟场等着，他的上司不愿这事惊动各方，引起严重后果。

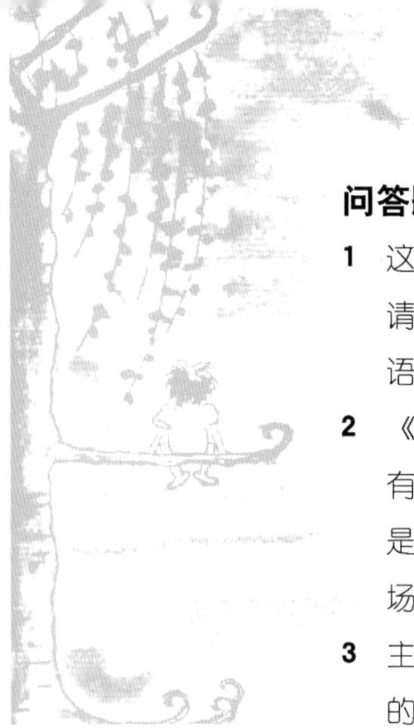

问答题

1 这是个令人悲伤而又带着幽默的戏剧，请你找出剧中带幽默笔调的描写和人物语言。

2 《棺材太大洞太小》的这个葬礼，最后有七、八百人在场，请你清楚列出他们是哪一些人。作者安排了那么多人到坟场上，有什么用意？

3 主人翁在剧中的遭遇，折射了现实生活的许多类似问题。请你举一、二个实例加以说明。

专题作业建议

1 从社会上发生过的事件中，找出类似《棺材太大洞太小》中所反映的僵化的管理制度，加以比较、分析。可以用剪报、实地考察、人物专访等方式进行。

2 以《棺材太大洞太小》为触媒，点燃另一作品的创作火花。可用故事、漫画、剧本、相声等形式发表。

演出建议

* 这是个单人剧，主要是通过主人翁的叙述，铺展剧情。剧中的主人翁以观众为叙述对象，因此需要和观众交流以推动剧情，制造高潮。

* 舞台布置以“虚”为主，风格化的设计，设法突出剧中种种不协调和矛盾冲突。

* 如果由学生来演，担心年龄上的问题，剧本可以稍作改动，比如传述父亲的经历。

单日不可停车

PARKING
ON
EVEN DAYS
ONLY

编者按

本剧的主人翁是个普通的小市民，用语比较不符合规范，所说的是掺杂了英语、马来语和各种华族方言的“新加坡式华语”。想要了解这些词汇的意思和规范说法，请参照第38页的“小字典”。

各位，你们会驾驶么？我是说，你们会开车么？四个轮的？两个轮的？还是很多个轮的？

我会，我有，不过，最近少开了。因为，我现在开车很紧张。你不要误会，我不是怕车多路挤。不，车怎样多、路多么挤我都不怕，交通拥挤对我完全不成问题，怎样的路我都可以开。我怕的不是开，是停，停车，parking。你懂啦，这里不准，那里不行，再过那边又要罚款；路牌标志一大把，站的、写的、油(漆)的、贴的，到处都是。但是我一样还要park错地方，结果呢？你们都知道啦——“**恶公**”。Fine！

“恶公”就还钱啦！有什么办法？破财消灾，算了！我看你们也是这样的，对么？不然，你告诉我，你还能怎样？

老实讲，这方面我的经验非常丰富，不只我，就连我的儿子都习惯了。他看到我久不久就拿到一张**summon**，久不久就要发一次牢骚，缴一次钱，小鬼灵机一动，给我编了一首打油诗：

“Summon一发，你的钞票搬家，国家发财，你的功劳最大！”

很好笑是吗？我第一次听到也觉得很妙，笑到半死。后来我跟我太太讲：“唉！这个小瓜有天才，将来说

不定会成为作家……最少可以做个广告作家！”真的，我觉得这个孩子有天才，那是好几年前的事了。

可是，最近，发生了一件事，搞到我心里很不平安[1]……这个……要怎么样讲……这个……老实说，这件事跟驾驶、开车很有关系……当然，跟“恶公”罚款更有关系。讲起来，这里面有好几件事，都是连在一起的。

我先讲我去找朋友park车被“恶公”这一件事。很多年前了。我去Bukit Timah[2]探一个老朋友，车放在他门口给traffic“**book**”。我的朋友住在一间战前bungalow后面的车房里。很久不见，我们聊了很长一段时间，到我回去开车，糟糕，挡风玻璃前面放了一张summon，放在wiper下面，你们知道怎样放啦，那summon讲我park车犯规，离开路口太近。

“**Alamak**，爸爸，又中了！”我的儿子问我。那天他也跟我去，他跟我朋友的孩子只差三个月，两个从小就很要好。

“这一次你犯了哪一条？这里都没有parking格子，为什么要‘恶公’？”他问我。唉，这个小瓜的观察力是很不错的，虽然那时他只不过九岁而已。

“Parking离开路口不到六公尺。”我每次去都这样停从来没有出过事。只有这一次倒霉，**准准**给traffic撞到。

“有什么办法？Fine就还钱了！”我讲。

“Summon一发，你的钞票搬家，国家发财，你的功劳最大！”小瓜觉得好玩，又把他的打油诗背了几遍给我开心，然后我们就开车准备先去缴

---

[1] 不平安：规范的说法是不安或不平静。

[2] Bukit Timah：地名，武吉知马。

款，然后才回家。你知道了，早还早清，不然忘记了“恶公”更重，何必自讨苦吃！

但是，走到半路，我的儿子突然大喊大叫：“唉呀，你看！爸爸停下，停下，你看，你看！”他突如其来那样一喊，把我吓了一跳，差一点撞到前面的bus。

“爸爸，你看，你讲六公尺是么！那边哪有六公尺！三公尺都没有**man**！为什么它可以我们不可以?!”

这个小瓜没头没脑这样一问，我一时之间搞到莫名其妙，直到我向他指的地方来回多看几眼，才知道他在讲什么。然后，我又感到心里很不安。因为，我的儿子，虽然那时只有九岁，可是他看到的东西，我天天看到，久而久之，反而变得视若无睹，看而不见！

“爸爸，去跟他们争啦！他们这样可以，为什么我们那样不可以？去跟他们争啦，爸爸！”

我看着这个调皮好动的儿子，心里觉得很爽快。小家伙才不过九岁，眼睛已经这样利。不要讲别的，单单为了他这一股冲劲我就应该去争man！

老实讲，我心里是没有抱多大希望的。但是，尽管这样，我还是开去了交通警察的总部。你知道了，他们专门有人负责跟你讨价还价，有的可以**割**，不可以割的就看可以不可以减价。这种官叫做Compounding Officer，他给你一个机会，缴钱销案；给你一个机会出钱保持记录干净，没有案底。

讲回来。我进了房间，拉我的儿子坐在那个officer前面，他头也没抬就问我：“什么问题？”

“啊，sir，你看，我这个……”我拿summon给他看，开始解释。可是我一句话还没讲完，他就**切**进来：“你的车有没有park在那边？”

“啊……有是有，不过……”这句话没有讲完，他又切进来了。“OK，给你减到二十块。”然后在单上划了几划，手一挥，意思是叫我走掉。

“不过，sir，这样parking是不是每次都错？”我没有走掉，继续问他。

“啊？你什么意思？”他第一次抬头看我。

“我是讲，那样parking，离开路口不到六公尺，是不是每次都错的？”

“当然啦！你的**undang-undang**有没有pass？”

“可是，你们自己的parking格子也同样么？Sir，我来这里的时候，看到有一条路口，你们parking的格子直直划到路口，不要讲离开六公尺，我看连三公尺都没有……”

“跟你讲，我们有量过啊！？那些也都错吗？”我那个调皮的儿子突然也插了一句。你知道了，这样的孩子特别爱动，嘴巴也关不住。

“噢？你们有量过啊！？”那个officer眼睛瞪着他，用一种很怪的口气问回他。

“是咯，不信你自己去量量看！”我本来想叫他不要回口，但是这家伙动作很快，我要阻止已经来不及了。你知道了，给officer听小孩子讲这种话他哪里会爽；现在我需要他同情更不可以得罪么！所以我赶快接下去讲。

“Sir，有些parking的格子真的是离开路口不到三公尺的。我的意思是说，如果当局自己划的车位离开路口可以不到三公尺，那么我们在别的地方parking离开路口不到六公尺，为什么不可以？”

我口气很好，态度尽量和气。其实，我很想这样问他：“老兄，如果你可以在非法的地点划parking格子，叫我们去那边park，而且还照样收钱，那么为什么我不可以同样park在别的相同的地方？”

跟你讲，我当时很有信心，我想这一次我多半可以把summon割掉。你想想看，officer可以说什么？他总不可以讲当局错么，他不可以说他们不但划错了位，而且还每次收错了钱嘛！他哪里可以讲自己错?!哪，如果他不讲自己错，他怎样可以讲我错？你明白么？

可是我高兴得太早了。

“呃，我不可以代表当局发表意见，parking当局有他们自己的权力。你看这样好么，既然你对法律这么有兴趣，好不好去traffic court跟法官研究研究！你知道，你有权利不要睬我们的summon，然后，我们寄信叫你出庭辩护。”

他这次讲得很有礼貌，但是我马上想到的是一句很有名的成语：官有两个口。我没有再讲话，马上出去柜台还了二十块罚款。

那一次叫我心里很不爽的倒不是“恶公”二十块，而是我儿子脸上的表情。在officer里面他没有再讲话，可能因为我脸臭臭，过后他也没有再问我。但是我可以看到他很气，他不懂那个officer为什么那样不讲理。他也不懂为什么我明白有道理，还甘愿给“恶公”，不要再争下去。

过不久，他开口问我为什么。我就趁机跟他讲：“世界比你想像的复杂得多，人也没有表面看来那么简单。”我知道这样也不会叫他满意，但是最少可以叫他不要再追问下去。

哪，这件事是我第一次这样感到心里不平安。我是说，我的自信心受到了打击。

第二次，发生在新的飞机场开幕之后不久。有一天晚上我去接一个亲戚，他去香港旅行，回来家里没有车载他。我顺便也把儿子带去，给他看看樟宜机场的模样。

机场的指挥塔很壮观。我们按照traffic sign开进parking area A，你懂么，那个最贵的地方。哇，我看到parking的价钱，吓了一跳。一点钟不是六毛，不是块二，而是块八钱！更糟糕的是，我车里只剩下两张六毛钱的coupon。怎么办？又是我儿子厉害！

“唉，爸爸，好不好我们坐在车里等，等到飞机下来了我们才冲进去。一点钟块八，六毛钱可以park二十分钟对么？你看我们二十分钟可以把**Ah Check**接到么？”

“嘿，好办法，好办法！跟你讲，我们保险一点，放两张，四十分钟一定够。OK？”

“OK！OK。我们坐在车里等，看到parking attendent抄牌，我们就开去另一边。等到飞机差不多要下来了，我们就撕好那两张coupon，赶快冲进接人的大厅。”

果然不错，我们不到三十分钟就把Ah Check接出来了，大家都讲新机场实在好，不但漂亮，而且效率高。但是当我们回到car-park一看，yah，又是一张summon，压在wiper下面。罪名是“放钱不够”！

“嗨，怎样讲放钱不够？”我问旁边一个parking attendent。那个人还没有开口，我的儿子就大声切进去：“一点钟块八，四十分钟块二，你以为我们算术**老牙**到这样都不会算啊？”

“一点钟块八是说你要三张六毛的coupon一起撕，不然怎样有一点钟块八？三张要一起撕，懂么？……哎呀，不懂你去总部问officer啦！”

“嗳嗳嗳，老兄，如果我不要park一点钟，怎样？如果我只要park二十分钟或者四十分钟要怎样？嗳，我跟你讲，坡底[3]每一个地方讲一点钟块二，我要park半点钟还是可以放六毛，为什么这里四十分钟不可以放两张六毛？……跟你讲，我一个月赚八百块，但是如果我只做半个月，老板绝对不会给我八百块，你的老板会么？”

那个attendant不耐烦我，我也不耐烦他，一下子就讲到没有得讲了。我的儿子当然不会静静。“爸爸，跟他们争！这一次你**包赢**，这个家伙的算术一年级程度都没有！去争你包赢的！”我真的又去找parking负责人交涉。同样，我的儿子又来陪我。

同样，parking officer那边又是排长龙，等轮到我们，我又把六毛、块二、块八、二十分钟、四十分钟、一点钟的事情再讲过一遍；我的态度很客气，口气很好。

Officer的口气也很好，态度也很客气。但他说：“我们不是这样算的。如果您不满意，您可以写信来交涉。如果要，也可以去traffic court跟法官交涉。”

怎么样……？你大概又猜到了。Officer给我减到十块，我静静还了钱，没有再讲什么。

“爸爸，为什么你不要写信?!”我儿子实在耐不住了。我想，这次我的脸可能会更臭，但是他还是**直口**讲出了心里话，可能是因为他年龄大了一些，十一岁了。

“没有用啦，孩子；跟你讲没有用啦！”

“讲没有用就去court啦！我跟你打赌，法官的算术包比这些家伙好！去争啦！”

---
[3]坡底：指新加坡的市区。

我儿子的样子很认真，两只亮亮的眼睛瞪到大大，口气很坚决，很有信心。他的样子，叫我很感动，心里一块东西绞来绞去。我要讲，但是我不可以再跟他讲什么世界比你想像的复杂，人不像你看到的外表那样简单了。

Car-park总部楼下有一个coffee house，我带他进去，叫了水，叫了cake，我跟他讲了一段我的往事。

这个，是很多年前的事啦；那时我都还没有结婚。有一天，我开车去Telok Ayer[4]……不是我自己的车，那时候我还在做推销员，开公司的车。你们知道了，当年Telok Ayer车很多，我看到一个空的车位多么高兴，赶快park进去。旁边有一个牌子，写着"只准双日停车"(Parking On Even Days Only)。刚好那天是双日，十号。你们懂了：二四六八十是双数，一三五七九是单数，对吗？好了，我park好车，关好门，就去做我的事了。

等我做完了事，回来一看……Yah，一张summon！唉？为什么？今天不是双日么？是咧！我check了我的手表、日历，我还到角头印度摊去check过，然后再对一对牌子上面的字。

对么！明明写的么！"只准双日停车"。就是说双日可以停车，对么?!

我肯定是parking attendent搞错了，不可能是我错。后来我跑去traffic police office也这样讲，我跟那个compounding officer交涉。

"那个parking attendent一定是把日期看错了，可能是他的手表停了，哈……"我讲到有点像开玩笑，好像很轻松，其实我心里紧张到要命。不懂为什么，我每次去Maxwell Road[5]或者在街上碰到白衣黑裤的那种traffic

[4] Telok Ayer：地名，直落亚逸街。

[5] Maxwell Road：地名，麦士威路。

police，我心里就会很紧张……你们会么？

我讲完，officer跟我讲：“老兄，他没有弄错，是你弄错了。那边只可以park lorry！”

“只可以park lorry？哪里可能？我看过了，都没有牌子写lorry么？不信自己去看过！只有一个牌：Parking On Even Days Only。我看到清清楚楚！”

“你再去看好好！那样大大的格子，哪里可能是给汽车park的？!不信你再去check过。Next！”

当然我要再去check过，没有！根本没有lorry的字，只有“Parking On Even Days Only”。街对面的牌写着：“Parking On Odd Days Only”。我没有错，左右前后，根本没有讲到lorry！

我对！哈！这一次我终于清清楚楚证明他们错了！哼，我要跟他搞到明明白白！

但是，我正要开回Maxwell Road，经过路口的时候，突然有一样东西引起了我的注意。我立刻踏brake，杀过去近看清楚。那是一个小小的蓝色的牌子。我靠近一看，上面写的是“只准park lorry”(For Lorries Only)！

Alamak！你可以想像我当时多么失望么?!我好像气球漏了风，S……一下子整个人软掉了。

我气到半死，站在那里不懂要怎样才好，死看住那个牌子脚都不会走路了。……突然，我想到……“啊，对啊！对啊！根本没有理由的么？对啊！”我想到了，马上开车回去找那个officer。

“哪，sir，我刚刚回去Telok Ayer看过了，你讲得对，那个地方是来给lorry parking的……”

“早跟你讲，你不听。回来找我做什么？去缴钱啦！嗨，下次看清

楚，不要乱乱park。”他一挥手，又是叫我出去。

“对，不过sir，我要跟你讲一件事。你知道那个‘lorries only’的牌放在哪里么？……放在路的**尾尾**！离开我park的地方最少都要五十码。哪，你听我讲：在我park车的地方，旁边放了一个牌，上面写的是‘只准双日停车’；五十码外，在街口才有牌子说‘只准停lorry’。哪，sir，在我park车的时候，我当然会照着最靠近我的牌子反应，对吗？如果那边没有一个牌子讲我必须走去远远看另一个牌子，那我怎样会知道在路的尾尾那边还有一个讲不同规则的牌子，对吗？Sir，你明白我在讲什么吗？”

事情实在很简单，但是讲起来又好像很复杂，所以我很客气很耐心地又跟他重复了一遍。当我讲完之后，我想他一定被我打动了，因为他听了之后一动不动，眼睛睁到大大，看住我。

哪，这是好现象，你懂么？他这样看住你，脸上没有表情，就是说他在动脑筋，想要找什么话跟你讲，讲一些不是平时那种不必经过大脑就可以随时出口的官腔。

“哪，sir，你想想看。如果是你开车，要park车的是你不是我。哪，当你park好了车，下来看到一个牌子，上面写道‘只准单日停车’，你会不会再向左走五十码，向右走五十码，去看看有没有另一个牌子讲不同的东西？”

他一动不动，眼睛直直看进我的眼睛。我呢，也一动不动，眼睛眨都不眨，直看回他，因为我要叫他明白我是很认真的。他看了不久，最后你猜他怎么讲？

“你要complain，可以写信来。”

啊！！！……我真“**捶**”啊！当然我要complain。而且我讲了真的有做！因为这一次我知道自己绝对没有错。

我想，我既然已经做了那么多调查，哪里甘愿就这样放弃。我看你们明白我的心情了。当你真心相信一样东西，当你真心相信你是绝对冤枉的，你哪里会甘心give up，你一定会想尽办法把它搞到清清楚楚，对么？对么??

我的英文是**half past six**，而且很久没有写composition，拿起笔来实在苦。但是，苦也是要写，我不甘愿！我写了撕，撕了再写，字纸篓装了一篓又一篓，工程非常浩大。最后为了给它漂亮一点，我还特地借了一架打字机，花了一整晚的时间，跟它整整齐齐地打出来。

我的信写到很长，两页密密麻麻。我把那个地方形容到清清楚楚，把事情讲到明明白白，我还画了一个图。我没有讲骗话，完全根据事实，把事情经过详细记了下来。我承认我park的地方在路口尾尾的地方有牌子讲只可以park lorry。然后我解释为什么我会犯规，而且那也不是全部我的错，我很坦白很客气地指出说他们的牌子放得有点不清不楚。

后面我还讲，“Lorries Only”那几个字应该写在“Parking On Even Days Only”那同一个牌子上面。那样，就很清楚了，就不会引起误会了。我还讲，不然就把牌子换掉重写，不然就在路面上写字，或者划一些东西说明那里只可以park lorry。对了，我专心解释**到乱**，差一点忘记求情，让他们原谅我这一次。

整个东西我完全老老实实，一点都没有假话。因为我不只要给自己找回清白，我也希望那里的牌子可以做得清楚一点。这样，以后别人也不会冤枉给“恶公”，白白给罚款。

信寄出去，我就耐心等。你懂么？对他们你要很有耐心。他们写信

给你，总是规定你必须在一个礼拜、两个礼拜，不然一个月内回信。不然，就要“恶公”罚钱。但是你不可以规定叫他们一定几时回信。这种事我看你们都懂了，啊?

哪，再讲回来，我**死等**死等，等了很多个礼拜，才收到回信。……No，explanation not accepted。不管！还是要罚款，不然就要上court！

我很失望，很“**显**”！很生气!!你懂了，我没有故意去犯规，我以为那里是可以parking的，我还左右前后都看过才park的。老兄，做人要公平一点才可以么。你哪里可以叫我park了车，看到一个牌子还不相信，还要左右走到远远去看有没有别的牌子讲不同的东西么！

你哪里可以这样要求人家？Parking的人哪里有可能这样跑来跑去找牌子?!

我**气到跳**，因为我原本很有信心。这件事我是很认真很认真对待的。因为我心里面很肯定很肯定自己是对的。我那种感觉就好像有人讲的“真理是属于我的”那样！

我不要还“恶公”的钱，三个月之后，上court的summons寄到了。出庭的日期又在六个月之后。那是我一辈子第一次上court，没想到这第一次就扑了空。事情是这样的：

当我一早到了专门管交通“恶公”的traffic court，也是长龙排到大街上。我把summons给警察看，他叫我在后面排。九点多，队伍开始动，一动就动得很快。我从来就没有去过，觉得很新鲜，我心里想：“哗，效率很高man。不像美国电影那种法庭辩到又长又臭，我们的法庭实在快！”

可是，到我走进法庭里面，我才发现我们跟美国电影的真的不同。你懂么？控状念完之后，差不多每个都讲“Guilty，有罪”，然后法官就讲：“Fine二十，三十，四十”或更多钱。

轮到我，当然我就讲“Not guilty，没有罪”，然后我就开始讲我的理由。可是，我第一句话还没有讲完就被一个clerk停住。法官讲了一个日期，clerk就叫我到时再来。他说，我有什么话可以留到那时才讲。

我生平第一次上court就这样完了。你们知道以前有个律师电视连续剧叫Perry Mason的么？想到他，我准备了很多话要讲，但是一句话没有讲完就被停了下来。“也好啦。”我对我自己讲。今天太紧张，改天也好，可以准备得更好一点。

可是，到我真正去**bicara**的时候，一年多又过去了。那时候，我park在lorry格子的很多细节我都忘记了。因此，我就在上court那天早上起身，先去Telok Ayer看看，看看那个Parking On Even Days Only的地方。

当我开到Telok Ayer那同一条街的时候，唉呀！我高兴到要跳！你懂为什么吗？

他们把那个地方油漆过了！我是说，他们在路边park车的地方划了线，粗粗的黄色条子，里面还写了字，你们猜是什么字？……“lorries only”只准lorry！

“Alamak！”我心里想：“这次上court**包吃**啦！”他们这样改，跟我提的意见完全一样么！那就是说，他们同意我讲的：以前他们的牌子放得不清楚。这样一油漆，对我来讲是最好证据，说明我完全对。哪，你想想，如果他们认为自己以前那样对，为什么要改？如果现在他们这样做是对的，那么以前我那样讲怎样会错呢？哪，不论你怎样看，我的案子是包吃的！

所以，我这一次走进court心里很凉，身体好像也比较轻了。我知道自己一定会……怎样讲？……对，“无罪释放！”

Clerk叫我走进证人栏，手按在圣经上宣誓不讲假话。他们念出我的罪状，我讲没有罪，然后主控官，那个inspector就叫他的证人出来。啊，这个时候我才第一次看到两年多以前book我的那个attendent。人矮矮胖胖，戴眼镜，脸圆圆的。

Inspector问他几时在哪里book我，讲清楚我犯了什么法，然后坐下，clerk就说我可以盘问证人。

Alamak，我吓了一跳。没有想到还要问别人，我以为上court是专门给别人问的。这个时候我立刻想到了Perry Mason的案子。他也常常盘问证人，英文叫做cross-examination。Yah！记得了：盘问控方证人！

于是我就问他：“你可以说出我的车准准park在哪里么？在路的什么地方？准准在什么门牌前面？还有，旁边有什么牌子，路口尾尾有什么……”

“慢慢，问题一个一个来。”法官举起手叫我slow down。不过他的头没有抬起来，手在不停地写。

“呃……”那个矮矮圆圆的家伙“呃”到看天花板，手上的日记本翻来翻去，“呃”了老半天一句话都说不出，脸上越来越红。法官看来越变越不耐烦，inspector也越来越不爽快，脸拉到长长。我呢？我越来越有信心，越来越乐观。

根据我的一位朋友后来讲，当时我根本就已经赢了。他讲，如果我的嘴巴关到紧紧，可能多一分钟我就可以“无罪释放”了。我错就错在太直了，太坦白了，错在我不甘愿打赢就算，还要去改人家的错。

所以，我没有靠那个attendent的健忘取胜。我没有**diam diam**让他下去，反而过去跟他讲：“我提醒你好么？那天我park在某某号门牌前面，旁边有这样这样的一个牌子，路口尾尾有那样那样的一个牌子，对么？”

“Yah！Yah！Yah！对了对了！”那个家伙高兴得要命，笑着对我一直点头。法官本来一直低头写字，现在他抬起头睁大眼睛看我，inspector长长的臭脸也现出了笑容了，我想大家对我的坦白这样喜欢，我也很喜欢，所以我也跟他们笑回去。

我心里很爽快。我觉得每个人都很欣赏我的老老实实。那个attendent下去了，就轮到我了。我讲的很简单：他们指控我的一切，我全部承认，然后我就解释我为什么会park在那里，因为牌子放得不清楚，我被误导。

“哪，法官大人，”我转过去**直直**对法官讲：“如果是您开车，您看到一个牌子，上面写了一些东西，您一定会听它的话，对吗？您绝对不会怀疑它，然后再向左边走五十码，然后再向右边走五十码，看看有没有另一个牌子讲不同的东西，对吗？好像我那样，看到牌子写了‘只准单日停车’，当然我就以为单日可以停车了咯。您哪里可以说我还必须跑去路口尾尾的地方去看有没有牌子讲那里只可以park lorry，对吗？还有，现在那条街的路上已经油了漆，说明那里只可以park lorry，跟我当时建议的一模一样。这就证明了我当时在那里停车的时候，牌子不够清楚。不是不清楚，根本是误导。所以，我请法官大人原谅我这一次。我保证以后很小心很小心。”

讲完这些，我心里感到很爽快，我虽然没有Perry Mason大律师讲得那么深，但是我要讲的差不多都讲完了。而且我讲得很老实，很白。你懂吗？讲老实话是一件很爽快的事！

所以，当法官开始宣判的时候，我的心里很舒服，很满足。

“本席接受当时路标安排得不够妥善，”他开始讲的时候声音不大。“当局及时接受意见加以改进，是值得表扬的。本席也很赏识被告的诚实。我相信当局对于被告的勇于提意见会感到高兴。然而，尽管如此，事实仍然是：被告确曾在该时该地把车停在不可停车之处，犯了交通规则。因此我宣判被告必须缴付罚款三十元，或坐牢三天。”

我……我还有什么可以讲的？我还可以做什么？我应该怎样做？是不是我应该diam diam不讲话！是不是我应该利用那个胖胖的attendent的健忘？还是你认为我应该讲骗话跟他们耍赖？

我在coffee house对我的儿子问了所有这些问题。“世界比你想像的更复杂，人没有你看到的表面那样简单！”Yah，我知道自己又在“**讲耶稣**”了。但是如果不讲这些要讲什么？你们想想看，我应该跟我的儿子讲些什么？

我的儿子静静，什么都没有讲，以后他也没有再问起这一件事。也好了，因为，孩子的问题，有时是很难回答的。他们常常看了故事之后要问东问西。你很难解释为什么你不像故事里面讲的好人那样，样样都做得对，做得好。

“我看，那是因为他长大了，懂事了，所以不问了。”我跟我的妻子这样讲。我大声跟他讲：孩子早熟，越来越聪明了，所以话就越来越少。你们都懂了，聪明的人每次都是最少讲话的，对吗？

真的，以后他从来没有再提起这件事。不只这样，他也越来越静了，慢慢的什么问题都少提了。

然后，有一天，最近的事，他也考到了licence，开始跟我抢用家里的汽车了。我一点都没有生气，因为我最近都不愿意开车了。糟糕的是，他考licence之后不到三天就拿到一张summon。原因是他parking没有放coupon。

很倒霉。那天当他park好车之后，发现coupon已经用完。于是他就去买。刚好attendent这时来查，准准给他抓到。

“恶公”三十块，他马上就给了！

我看了很奇怪，就跟他讲：“嗳，为什么你不去讲一讲？我看你有机会割掉，最少可以减一些嘛？”

“没有用了，爸爸，你最清楚了：summon一发，你的钞票搬家，国家发财，你的功劳最大！”

他耸一耸肩，笑笑，走开了。孩子都十八岁了。

但是，我跟你讲，这一次我笑不出来了。我觉得这个笑话一点都不好笑了……

小·字典

恶公	(福建方言) 念作o-gong，罚款。
summon	正确的写法是“summons”，复数为“summonses”，传票。
book	将某人的姓名记录下来（尤指控告）。
Alamak	马来话，表示震惊或难以置信。
准准	应为 “确切地”、“准确地”。新加坡人习惯在说话时采用“敢敢”、“美美”、“静静”等重叠的词语，可作动词或形容词。
man	助词，加强语气，表示道理显而易见。
劏	撤销罚款。
切	打岔。
undang-undang	(马来语) 法律，这里指交通规则考试。
爽	应为“爽快”，心情感到舒适痛快。
Ah Check	(福建方言) 叔叔。
老牙	(福建方言) 指表现得很差，程度低的意思。
包赢	(福建方言) 一定赢。
直口	应为“心直口快”。
尾尾	尾端。
捶	(福建方言) 捶心肝，表示痛心疾首。

half past six 6点半钟，形容一个人对事物的认识只有一知半解。

到乱 （福建方言）加在动词后，表示事件的发展进入高潮阶段，如：打到乱，即打到难分难舍。

死等 （福建方言）苦苦地等。

显 （福建方言）沮丧。

气到跳 相等于“暴跳如雷”。

bicara （马来话）念作bee-cha-ra，指上庭辩护的意思。

包吃 （福建方言）“吃”是指胜过对方，“包吃”在这里指赢定了。

diam diam 静静，即保持沉默。

直直 （福建方言）说话直肠直肚，不拐弯抹角。

讲耶稣 说教，比喻生硬地、机械地空谈理论。

导读

韩咏红

新加坡的驾车人士大概都有这样的经验：找不到停车位、停车固本放不够，中传单被罚款。遇到这样的情况，多数人只会自叹倒霉，找家人朋友发一轮牢骚（有时候还拿孩子出出气）。但是落在艺术家，这样平常的生活情节，可以发展成精彩的戏剧。

《单日不可停车》说的是一个因为害怕停车而不敢驾车的人。从表面看，主人翁最终的厄运——上法庭，被判罪，不交罚款就要坐牢三天，都出自于他一个执拗的行为：他看到有关当局安置停车指示牌的方法有漏洞。他要据理力争，抗争到底，不惜费力写信，长时间等待，闹上法庭。

这出剧最美的地方，是编剧呈现了一种无奈，一种悖论[1]。主人翁的态度是积极的，但他受惩罚了。他诚实（他本可以在法庭上编一个新的道理替自己脱罪，反正证人根本不记得发生什么事），结果受累。他为了他认为正确的道理而抗争，连法官也赞许为“诚实、坦率”，但是法官还是判他有罪——罚款或坐牢，任选其一。

[1] 悖论：把两种不同的意思、两种不同的判断同时表述在一起，具有相反的两种意向。

因为根据法律，他在该时该地停了车，就是触犯法律，即使那指示是不够明确的，不合理的。

法律是维持社会秩序的，人人都必须服从的。触犯有漏洞的法律，还是算犯法。然而，法律难道不是人制订出来的吗？如果我们真诚地相信，人都不是圣人，孰能无过，为什么当某些人制订的条例，一旦以某种固定的形式出现时，就变成千真万确，而且不容怀疑，不容挑战了呢？

很多时候我们都生活在一个假设中，我们的假设正管制着我们，限制着我们，为我们生活定下一切秩序划出明确范围的那些条例、框架，都是正确无误的，绝无问题的。因为有这种假设，我们忘记去思考，去辩论：这些条例究竟好不好，还有没有值得改善的空间。

《单日不可停车》是一部很轻松，惹笑的短剧。可是，主人翁又仿如一名悲剧英雄。他向难以挑战的“有‘官’方面”挑战，付出了一些代价，最后失败了。在这个悲剧里“阵亡”的，不是人的肉体，生命，而是更重要的东西，人的斗志，信仰。

说到这里，我们真的要同情那些受了上级、老板、甚至师长的窝囊气，又只会一味埋怨，不敢据理力争的人。因为，社会上，生活中，尝试争取而失败的例子总是比成功的多。

但是，说到这里，我们需要提一提艺术家。郭宝崑说过，艺术家的疯狂，在于人们说不可能的，他偏相信可能；加点耐心，他说奇迹照样会出现。艺术家的疯狂，也是艺术家的价值，这个价值不在于他是否成功或者失败，而在于他

曾经努力，他曾经让自己的想像力非常自由，然后努力。他想像事情可以变好，他敢去想像。

注意剧本里的写作顺序和人物关系。编剧先从两个小例子，引出停车的问题，然后集中到主要事件上。另外，剧中的父子关系一直紧紧扣着男主人翁的“停车问题”同步发展。最后，我们看到父亲在制度下变得气馁。原本年轻，有朝气，有创意，敢讲敢做的儿子，慢慢变成父亲的翻版。

现在的年轻人，是否也一样，慢慢气馁、不说话、不表态、不相信世界有可能变得更好？或者他们已经不愿意负载让世界变得好一些的重任了？这一点，就要请年轻人来说话了。

作者简介

韩咏红

新加坡国立大学中文系硕士。曾到上海戏剧学院戏剧文学系作短期进修。剧作有《家庭关系》、《我要买你的家》、《饮情》；曾执导《豆蔻镇的强盗》，在郭宝崑导演的《灵戏》中，任助理导演。现任《联合早报》文化版高级记者。

问卷

选择题

1 第一个故事中，父亲被罚得很不心甘，是因为：

- ❑ 他经常把车停在离路口不到六公尺的地方，从没被罚。
- ❑ 当局划停车位的做法和停车罚款的条例自相矛盾。
- ❑ 才九岁的儿子比自己更注意到不同地方有不同标准。
- ❑ 交通警察总部的警官没有减少他的罚款数额。

2 第二个故事，是关于停车固本。以下哪一项不是父亲遇到的问题：

- ❑ 他和管理人员据理力争，管理人员不加理睬，也不减少罚款。
- ❑ 他以为自己停车不到一个小时，不必付全费，结果抵触了停车场的条例。
- ❑ 不同的停车场有不同的规定，他却照搬别处的情况，结果碰钉子。
- ❑ 飞机场的停车场关于撕固本的规定十分僵化，而且罚单一发，无可挽回。

3 第三个故事，最令父亲不服的是怎样的结果？

- ❑ 一个简单的案子拖了一年半有余，很多细节他都记不清了。
- ❑ 当局纠正了他指出的错误，却依旧按法令条文判他有罪。
- ❑ 在“只准双日停车”的牌子五十码处，才有“只准罗厘”的牌子。
- ❑ 法官不知道当局的停车牌子在一年前是有问题的，所以判他有罪。

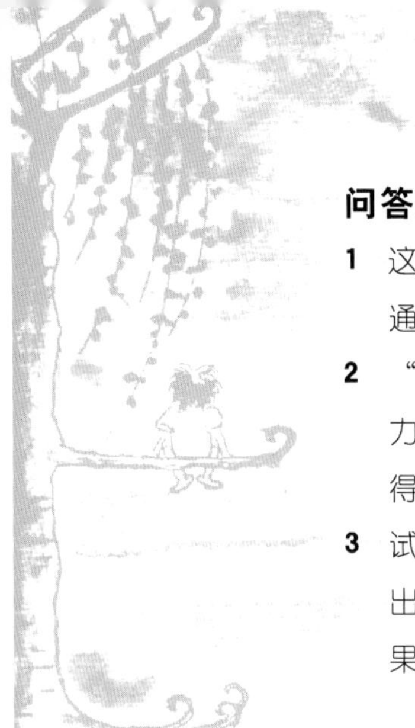

问答题

1 这几个停车的问题，说明了我们的交通体制里有什么样的弊病？

2 “儿子”在九岁和十一岁的时候，极力支持父亲的据理力争，长大后却变得很温顺，作者试图说明什么问题？

3 试从你自己或别人的生活经验中，找出和剧中人有类似遭遇的情况及其结果。

专题作业建议

1 向陆路交通管理局了解现行的停车制度中，过去有哪些自相矛盾的条例？今天还有没有和剧中情况类似的弊病？可以把调查结果写成报告，呈给当局作为参考。

2 向有车人士作一调查，针对他们接到交通传票之后，通常怎样解决问题，作一调查报告。

演出建议

* 这是个单人剧，时空跳跃大，因此在舞台呈现上以演员的表演为主要动力，其它布置都可风格化处理。

* 为了加强观众对事情的理解，特别是对没有开车经验的学生，可以在舞台上画出有关的交通标志。

* 如果学生的年龄不足以表现父亲的人生阅历，可考虑将第一人称改成“孩子”。孩子说父亲的故事，说出父亲的悲凉，也说出自己向现实低头的无奈。

傻姑娘与怪老树

一、序

〔台上有一个似树非树的东西。

〔演员逐个搬上一群布偶，排列在台后方。

〔小女孩蹑手蹑脚地走进来，趋近老树时，突然回首望见众布偶瞪着她。大惊，急忙跑下。

二、怪老树

〔老树那里有一个演员背着观众而站，是老树的化身，一动不动。傻姑娘又来了，环顾无人，坐下，对着观众，向前上方望着，凝视这棵怪老树。

姑娘 这棵树，很老了。又老又怪。

和街上那些不同。他的手脚没有砍断过。

他的枝是长长直直的，直直地伸向天空。

他的皮很粗，好像以前在河上跑大船[1]的老人家。

也许是他太高了，太高了就没有东西给他遮太阳。

这棵老树真是怪，又老又怪。

别的树，叶子都长在头顶上；他的，都生在底下，靠近地面的地方。

很奇怪……公公说，从前这里有很多这种树；现在，好像只有这一棵了……

不知道是不是因为老了就怪……好像从前公公那样……

---

[1]跑大船：一种行业。早期在新加坡河上运载货物或人的一种船，叫“驳船”。当时，大船来新加坡时是无法靠岸的，因此需要靠驳船在驳船码头（Boat Quay）和大船之间穿梭，作为运载货物或人的交通工具，故人们把掌舵驳船的行业称作“跑大船”。

是啦，树跟人一样，凡是老的都是怪怪的。

〔姑娘转身，上前去抚摸大树，凝住，背着观众。

三、傻姑娘

〔凝立至今的老树，从角色中出来，绕行观察姑娘一番，转向观众。

老树 她天天都要看看那棵高高的老树，不只一次。

早上看一次，休息的时候她故意绕过停车场去食堂，又看一次。

如果有课外活动，吃午饭前后就再去看一次……

叫她傻姑娘，好像不是没有道理的。

最近，她越来越要看老树了。

为什么呢？谁也问不出一个道理来。

但是，学校里并不是每一个地方都望得见这棵老树。

最靠近的课室看不见，因为地势太低。

最远的那一座也看不见，因为地势太高。

她最近少上图书馆去，为什么呢？就因为那里角度不对，也看不见老树。

比较起来，还是停车场最理想。

抬头仰望，老树站在斜坡上，最有气势，最美！

但是，这里要建房子，铲泥机来了！

〔突然传来铲泥机车的声音，由远而近，是由演员做出来的，不是音效，老树和姑娘感到惶恐，以慢动作作出反应，老树回原位，姑娘躲去一旁，惊骇地观望着，一阵之后，机声达到惊人的高潮，突然停住，凝场。

四、久远的声音

〔老树背立，姑娘又来了，习惯性地坐在同样的地方。

姑娘 你好吗？

我早上吃了绿豆汤，中午吃了咖喱饭，下午吃了米粉汤。

〔背几句功课。

妈妈今晚轮夜班，爸爸有事情也不回来。

〔又背几句。

“鬼马大仙”[2] 今天最衰，不警告就突击测验，别看他人瘦瘦小小，出题目每次叫人措手不及，怪不得人家叫他“鬼马大仙”。

〔再背几句。

唉，你听我讲话，也够烦了吧，要是你能说“我不烦”，那多么好玩。要是你能讲话，我就让给你讲，我就闭上嘴，专门听你讲。你要是能讲，我可以好像在家里那样，好像在班上那样，永远不讲话，专心听你讲。你这样老了，好像以前公公那样，一定有讲不完的故事。

〔望他片刻，然后专注读书，哼唱《望春风》[3]。

[2] 鬼马大仙：姑娘学校中一名老师的绰号。
[3]《望春风》：台湾民谣，1937年的同名无声黑白影片《望春风》的主题曲，此片由著名影星陈宝珠主演。

孤夜无伴守灯下，春风对面吹，

十七八岁未出嫁，想着少年家，

果然标致面肉白，谁家人子弟，

想要问侬惊歹势[4]，

心内弹琵琶。

〔渐渐，久已凝固的老树开始苏醒，开始有动作，慢慢转过头来，他紧闭的眼，开始挣扎打开，他吃力地动着嘴巴，先是发出呼吸，然后出力发声，竭力唱出了第一句，姑娘若有所觉，当她发现是背后的老树时，惊诧地望着他。

姑娘 你……你会唱？我讲的话……这样久的……你都听见了？

老树 我……很久……很久……没有听人唱这首歌了……

姑娘 你会听？你会唱？我讲的话你都明白？

〔大树吃力地点点头，又复挣扎唱下去，但是显得极其困难。

我教你，我教你！

〔小的教老的唱那久远的歌，犹如僵化了千年的木乃伊重获生机一样，老树的肢体和声音，在姑娘的促动下开始复活。教唱学唱达到了一如狂欢的高点。

五、枯树小岛

〔老树在给姑娘讲故事，他一系列的默剧动作，似乎是在追溯自己的过去……然后回到现实，向姑娘细说。

老树 ……那是很久以前了，也不知道是谁，把他砍了，又没有用他，就扔在河边让他晒太阳。有一年，起了一场惊天动地的暴风雨，河都涨到岸上，小树让水淹了顶，鱼虾占据了树上的鸟窝，他那么大的树，也轻易地浮在水面上，越过大片陆地，游向遥远的大海。

[4] 歹势：怕不好意思。

可是，大海太远了，他还没有游到，水位已经逐渐下降。也不知过了多久，他发现自己的枝干触到了河床，再也游不动了，他眼睁睁地看着大河把他那宽阔的大流收起来，缩进自己细长蜿蜒的轨道。

不久，岸上的草木又繁生了，蝴蝶鸟兽也重返故乡，不几年，绿油油的大片森林又铺满了河的两岸。

他心里难过极了：岸上的树，枝叶蓬勃，翠绿一片。但是，河里的他，却是枯萎灰白，感到死亡在一天天向他逼近。

“就这样完了？我这么粗壮的身体，就这样完了？”他看着周围的断树残枝，心里一万个不甘愿，他激动地颤抖着身体，愤气难消。

突然间，水面下的泥土传来了一股温暖，他感到泥土还是丰美的。在平静的水面上，阳光也依然是那么柔和的，于是，他咬咬牙，把树根死命往下伸，猛向坚实的河床底下钻。头上，他也费尽力气，吐放新叶，饥渴地吮吸阳光的滋养，以唤起自己体内的生机。

不久，他的枝叶比岸上亲人的更加茂盛，脚下的根，也很快地布成了一片大网，把上游冲下来的泥沙败叶，积存起来。小鱼和小虾，在水下树根网里环游盘旋，昆虫鸟兽也在水上的枝叶间繁生聚集。

如此一代代生息相传，前面的又把自己尸骨化为灰泥养料，让后面的衍生不休，终于，那一棵浮游的大树，不久就变成了一个生气勃勃的小岛。

〔姑娘被故事带去了遥远的幻想。

姑娘 要是给你教文学就好了，可以天天讲好听的故事。

老树 天天讲，到你的头发根根白了，也讲不完。

姑娘 但是，要给你这样教地理，我考试包完蛋。

〔老树缅怀地哼起《望春风》。

这首歌是谁教你的？

老树 ……后来，就来了人……日出而作，日落而息……晚上，他们围在树下，下棋，聊天，唱歌，讲故事……你妈妈教过你什么歌？

姑娘 （使劲想了想）没有……

老树 那你是跟谁学会这首歌的？

姑娘 公公教的，小时候。

老树 爸爸妈妈不唱歌么？

姑娘 （又使劲想了一阵子）有唱《网中人》[5]、《千王之王》[6]。

〔姑娘哼起《望春风》，老树跟唱。远处传来铲泥机车声，二人停唱，凝场。机声去了。

姑娘 铲泥机会不会开到这里来？会不会……你……

老树 明天还来吗？

姑娘 来。你……

老树 我一定在。孩子，树跟人不同。人永远不停，树永远不动。

姑娘 你的祖宗不是游泳到河里去长成小岛的吗？树既然可以动，人是不是也可以停？

---

[5] 《网中人》：1970年代香港无线电视的经典剧集之一，由周润发、郑裕玲、汪明荃主演。

[6] 《千王之王》：1980年代香港赌片经典剧集，由汪明荃和谢贤主演。

〔望向铲泥机车声来的方向。

六、傻姑娘和怪老树的游戏

〔姑娘来回踱着，沉思着刚才老树提到的各种问题。

姑娘 ……老师……虽然凶一点，老实说，也是好意的……爸爸妈妈……虽然罗唆一点，老实说，也是很关心我的……

老树 那你为什么不跟他们讲话？

姑娘 有讲！……等于没有讲……他们不了解我，我也不了解他们。他们说我傻，我说他们笨。

好像，我最喜欢这个故事，他们一点都不喜欢，你要不要听？

“有一天，天气很热，一个年轻人穿着短裤拖鞋走进图书馆，那管理员说：‘对不起，穿拖鞋不可以进来这里。’就叫他出去。过了一下子，他又来了，这次光着脚，管理员又挡住他，说：‘对不起，这里不准光脚，一定要穿鞋子。’又叫他出去，过了不久，那个年轻人又来了，离得很远，管理员就发现他了，这回，他真的穿了鞋子，因此，管理员没有阻挡他。但是全图书馆的人也都知道他来了，因为他穿的是一双大皮靴，ki-kok，ki-kok，吵得要死！”

哈哈……

可是他们都不喜欢这个故事。他们说，那个年轻人神经病，他们说爱听这故事的人，不是傻瓜就是笨蛋。

我说啊，他们不是白痴就是迟钝，一点幽默感都没有！人为什么这么奇怪？……

老树 你爱跳舞吗？

姑娘 爱，只是没有人要跟我跳。

老树 你爱唱歌吗？

姑娘 爱，只是没有人要跟我唱。

老树 要不要跟我唱歌跳舞？

姑娘 现在可以吗？

老树 为什么现在不可以？

姑娘 现在没有风，没有风你怎么能跳舞唱歌？

老树 那是风的话。树的话是这样的：因为枝叶舞动，才有风；因为树林唱歌，才有风。风，你叫他不要那么威风。

姑娘 ……风说：“没有风，树就唱不了歌，跳不了舞。”

……树说：“因为枝叶舞动才有风，因为树林唱歌才有风，风，树教你别威风……”

老树 什么植物无根无茎无花无果无叶？

姑娘 青苔？

老树 是蘑菇。为什么植物要开花？

姑娘 因为植物要结果。

老树 因为蜜蜂要采蜜。为什么人们晚上胆子小？

姑娘 因为人们晚上怕黑。

老树 因为他们一到黑夜就忘了世界上别处还有阳光在。

姑娘 你真会问问题。

老树 树怎么会问问题呢，是人问的。人，才是最会问问题的，怎么你反而忘了？

姑娘 要考我吗？好，我来问你！……

为什么人非要说话不可？

为什么石头不会哭？

为什么眼泪不是甜的？

为什么乌龟有壳？

为什么牛车水[7]没有牛？

为什么地球不是球？

为什么火星没有火？

为什么岳飞[8]不会飞？

为什么背心没有袖子？

为什么舌头长在嘴里？

为什么蚯蚓没有眼睛？

为什么晚上是黑的？

为什么星星长在天上？

为什么人要砍树？

为什么人要砍树？

为什么人要砍树？

……

老树 甲对乙说：“为什么我老是走啊走啊走不完？”

乙对甲说：“因为你在走圆圈。”

甲对乙说：“那我直着走，为什么我直着走也走啊走啊走不完？”

乙对甲说：“因为根本没有完。”

姑娘 没有完，那为什么还要走呢？

老树 要是有完，就不需要走了。

姑娘 听不懂。

老树 人不懂，树更不懂了……

我真的跳个舞给你看好吗？

〔他又旋转又摇摆了一阵子。

---

[7]牛车水：地名，位于新加坡河的南面，是早期新加坡华人聚集的地区，如今已成了许多外国旅客眼中的唐人街。

[8]岳飞（1103–1142），中国南宋时期的民族英雄，精忠报国却为奸臣秦桧所害。

姑娘 看不懂。

老树 这是蜜蜂舞。他在对同伴们说："在那边，在跟太阳成怎样的角度的方向，有花蜜。"

〔姑娘感到非常好玩，模仿一番，两人觉得有趣，相视地笑了。

〔铲泥机车声传来，二人凝听，越来越逼近，老树归位，姑娘躲起来。

七、驱魔

〔入夜，一群人来了。寻找，找不到他们要找的。朝姑娘来的方向祭拜，祷告，驱魔一番。然后全都走了。

〔过一阵子，不远处铲泥机车的声音又出现。姑娘紧张而沉重地又摸了进来。

老树 你又来了？

姑娘 你看到我了？

老树 你能看到我，我就能看到你，虽然那里黑了一点。

姑娘 对了，你是树。为什么人在夜里看不见？……因为他们大小眼睛，只看亮的不看黑的。……那里看过来很远，站得我脚跟都酸了。

老树 他们已经发现学校里有人影晃动，还以为是闹鬼呢。做多了，你会出事的。

姑娘 铁丝网有很多洞，他们抓不到我的。你不用担心，我的功课早就做完了。

……

他们快到了。

〔她傍着老树，唱《看你数清数不清》[9]

小星星，亮晶晶，星星朝我眨眼睛，

---

[9]《看你数清数不清》：童谣。

星星，星星，你别笑话我，

笑我把你数不清，

我也要来问问你，我们种了多少树，

看你数清数不清，看你数清数不清。

你是很怪的，你为什么这么奇怪？

为什么只有一棵你这样的树？

老树 其他的都去旅行了。

姑娘 树也会旅行的吗？

老树 有的化成了灰，顺着泥土到处去漫游。有的飞了，顺着风和水到别处去播种。

姑娘 我不要你走。我不准他们碰你。……

老树 你要不要看我跳树舞？

姑娘 树舞？

老树 是，树舞，要很多人一起跳的舞。

姑娘 很多人一起跳？

老树 ……一棵接一棵，一片接一片……

〔铲泥机车声渐大。开近。姑娘震惊。探头张望时，已有人到来，发现她。追逐，姑娘终于被抓住。

〔他们令她离开。反抗无效，只好同意。哪知，接着铲泥机就开过来，逼向老树。姑娘在远处看见，急奔过来抢救，与人群争执，铲泥机继续向老树开去。

〔在这关键时刻，姑娘挣脱，爬上树去。

姑娘 我警告你们，再靠近一点，我就跳下去！

〔人们大惊失措，只好把铲泥机停下。

众人 孩子，下来吧，爸爸妈妈在等着你！

孩子，下来吧，校长老师在等着你！

孩子，下来吧，同学朋友们在等着你！

孩子，下来吧，一个光明的前程在等着你！

孩子，下来吧，你何苦为了一棵又老又怪的树来浪费你的青春？

姑娘 不准你们说他又老又怪！

他不老，也不怪。

你们才是又老又怪！

你们知道什么植物无根无茎无花无果无叶吗？

你们知道植物为什么要开花吗？

为什么人非要说话不可？

为什么石头不会哭？

为什么眼泪不是甜的？

为什么乌龟有壳？

为什么牛车水没有牛？

为什么地球不是球？

为什么火星没有火？

为什么岳飞不会飞？

为什么背心没有袖子？

为什么舌头长在嘴里？

为什么蚯蚓没有眼睛？

为什么星星长在天上？

为什么人要砍树？

为什么人要砍树？！

为什么人要砍树?!……

〔姑娘的爆发，令众人更为惊诧。

众人 不好了，不好了。这孩子中邪，真的变成傻姑娘了！

姑娘 赶快把铲泥机开走，不准动他，不然我就跟他同归于尽！

众人 （经过一番商量）……我们不铲掉他，你下来吧。

姑娘 骗人，骗人。你们要哄我下来，然后照样砍掉他！

众人 不骗，不骗。真的不砍。

姑娘 发誓，你们发誓。

众人 好，发誓，发誓。我们保证，如果铲掉这棵大树，天诛地灭！

〔在姑娘犹豫之际，老树哼起了《望春风》，似在安慰姑娘，又似在劝她安心离去。姑娘不舍地抚摸他一番，黯然由众人把她带走。

八、树的舞

〔姑娘在养息的地方思念老树。姑娘和老树虽在两地，心灵似乎能够相通。

姑娘 ……你好吗？我今天早晨吃牛油面包，中午吃煎鱼片，晚上吃炸鸡腿。这里很静。住的多数都是老人。起初，他们以为我有精神病。现在说不大像，但是又说不上到底我是什么问题。

为了使我放心，爸爸天天去工地拍一张相片，底片上有日期，证明你还在。我看你周围都光秃秃了。地铲平了。房子都开始向上升了。而且，他们好像已经开始种植新的花草树木了。你有了伴，是不是又可以跳树舞了？……

我很遗憾，一直都忘记问你：为什么别人的叶子都生在头顶

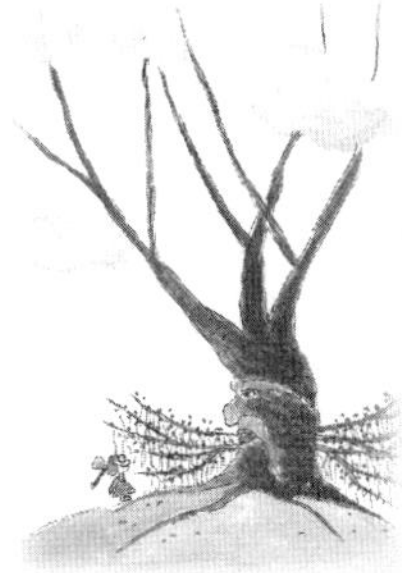

上，你的偏偏要生在底下，靠近地面的地方？是不是怕“树大招风”[10]啊？

还是你有什么东西在下面要特别保护的吗？

老树 ……一棵接一棵，一片连一片，迎着暴风雨，我们翩翩起舞。

孩子，你见过树林在狂风暴雨中集体翻舞的场面吗？

一阵巨风吹来，我们欠着身体迎向他，一接触到他，我们就柔韧地向上仰翻。树干树枝，前鞠后躬地弹动。一列列一丛丛的叶子，像鱼鳞般地，亲吻着天上射下来的水箭，像扇子般地把那涌泻下来的水潮，一排排地拨开，向地面撒去。

大风雨本来是夹着雷电的暴烈冲向树林的，但是树林却以轻盈潇洒的舞姿，把他当成甜美的雨露。

几番拼搏，几番狂舞之后，雨过天晴，树的根扎得更深了，干的力练得更壮了，满头的绿叶，也更加油油发光新洁茂盛了。

所以，孩子，别怕风雨，爱树的人，在狂风暴雨之中，你才能看到树的真正风采，他的舞……

〔突然故事中断。

姑娘 怎么啦？怎么啦？

老树 （顿了一阵之后）看样子，我不能舞给你看了……

[10]树大招风：比喻人出了名或有了钱财就容易惹人注意，引起麻烦。由于这里的“树大招风”也包含了字面意义，因此作者使用开引号和关引号来特别注明。

姑娘 为什么？……他们，他们……把你铲了？

铲了？铲了?!……

众人 没有，没有铲，我们发过誓不铲他。

我们没有铲，不信你自己去看看。

〔姑娘冲出去。

九、老树，老树

〔姑娘冲到老树的地点。她发现老树还在，但他的枝干全都已经被截断。姑娘几乎不敢相信自己的眼睛。

众人 是不是？我们没有违背誓言。我们没有把他铲掉，是不是？

姑娘 你们……你们……（激动得说不出话来）

众人 我们修去了他头上的枝干，我们清掉了底下的叶子。这样，他才能呈现一副全新的样貌。这样，他才能跟这个地方新设计的景观，融汇成一个令人满意的统一体。

姑娘 不，不！不!!不!!!……（由深沉的无奈，转为歇斯底里）

（问老树）为什么？为什么？为什么？

老树 （微弱的声音）我不知道，我不知道。

姑娘 你知道，你知道！你知道!!

老树 为什么我会知道？

姑娘 我问过你的东西，你都知道。

老树 那是人告诉我的……

姑娘 你这么老了，你什么都知道。

告诉我，为什么？为什么？为什么?!

老树 为什么我老就一定会知道？为什么我老就一定什么都知道？

别忘了，我是树，你是人。

姑娘 你知道，你知道。为什么？为什么?!为什么?!

你不是这样的。你不能这样。

你不是这样的。你不能这样！

你不是这样的。你不能这样！

你不能这样！

你不能这样！！

你不能这样！！！……

〔姑娘再也不能自制了，像一个发了狂的野兽，她向着老树砍、砍、砍，要把扭曲的心爱物消灭了。

十、姑娘的舞

〔经过一阵狂暴，姑娘筋疲力竭，静了下来。她凝视着老树的残余。

姑娘 花……花蜜在哪里？

花……花蜜的方向在哪里？……

〔她茫然地跳着，追忆蜜蜂舞。她环顾摸索，摸索。

〔老树唱《望春风》，姑娘唱《看你数清数不清》。

〔这时，姑娘又发现开场时出现的布偶，整整齐齐，冷冷漠漠地看着她。

〔凝场。〕

导读

周文龙

傻姑娘很傻。

她天天都要看这棵怪老树，早上一次，休息一次，如果有课外活动，她又再看一次。

她不爱跟朋友家人说话，却爱在老树面前说话、唱歌、跳舞，有时说着人们觉得不幽默的笑话。

怪老树很怪。

它的枝节长长直直的伸向天空，显得又丑又突兀。它的叶子不长在上面，反而往树根长去。

它懂得唱古早的歌，跳有趣的舞，还懂得很多奇怪问题的答案。但它说，它什么都不懂，这些东西都是人类教它的，只是他们忘记了。

一个傻姑娘遇上一棵怪老树，是一首抒情又伤感的诗歌。抒情，因为两颗孤独心灵的邂逅，长久以来的寂寞终于得到慰籍；伤感，因为这个邂逅并不长久，孤独的人始终得孤独下去。

《傻姑娘与怪老树》被许多人誉为郭宝崑最抒情的戏剧作品。在这出戏中，他利用了小女孩对老树的关怀，表现了人与树之间一种单纯而温馨的感情。女孩天真的问话，老树笨拙的舞蹈，以及

他们的对话，都显露童话般的情怀，宛如清水般晶莹剔透，沁人心脾。

然而，在这童话的戏剧架构底下，《傻姑娘与怪老树》实际上揭示了一个深刻主题：规范化与反叛。

怪老树本身就是一个充满规范化象征符号的角色。它本来也是平凡的一棵大树，被人类砍了流到河里，为了在河里生存，它只好把树叶往河里长。它所唱的歌，所学的舞，所懂的知识，也是人类教的。在现代文明的发展中，怪老树发挥了繁衍和延续的作用，扎根历史，收集智慧。然而，在这么一个都市中，人类已不记得它的作用，甚至认为它太怪太老了，不符合社会规范，必须铲除。

傻姑娘则表现了反叛的精神。所谓反叛，指的并不是颠覆社会体制，而是一种追求人性自由，抵抗规范化的精神。傻姑娘本质上乖巧，会上学读书做功课，但为了一棵老树，她却会奋不顾身地保护它。傻姑娘要保护的不只是老树，还有老树象征的自由个体性格。她知道，老树怪，正因为它怪，所以才显得如此独特。当老树被人类修剪整齐，接受社会一切既有的规范和秩序，傻姑娘悲痛莫名，因为她明白她心中的怪老树已不复存在。

但最可悲的是人类。他们始终不明白老树的重要性，在一个遗忘的城市中，人们已不记得古早的歌曲，他们也不知道老树承载的记忆有多重要。同样地，他们不明白小女孩的救树行动和她反叛激情的由来。在他们眼中，小女孩太不正常了，需要保护和开导。他们以为，修剪老树，让老树与其他树木融汇成一体是最机智灵活的做法，却不知在修剪的过程中，他们也丢失了人性最宝贵的尊严与价值。

因为人的无知与愚昧，女孩与老树的反叛加倍抒情，也加倍伤感。

傻姑娘一点也不傻，怪老树一点也不怪，傻和怪的其实我们自己。

作者简介

周文龙

青年影评人、剧作者，新加坡国立大学中文系荣誉班毕业，目前任职《星期5周报》记者兼助编。曾发表舞台作品《英雄之死》、《高山上的牧童》、《终身大事》等，电影短片《阿水》、《小岛历险记》。

问卷

选择题

1 以下哪一点最有力地表现出这姑娘的“傻”？

- ❑ 她老是和一棵树说话。
- ❑ 她老是向老树发问怪问题。
- ❑ 她不顾一切地保护老树。
- ❑ 她相信人们不会砍老树。

2 以下哪一句话说明怪老树的下场是一个悲剧？

- ❑ 它被人彻底地剥夺了自己的生命特征。
- ❑ 它默默地接受别人来决定自己的命运。
- ❑ 它辜负了傻姑娘极力挽救它的一份真情。
- ❑ 它眼睁睁看着众人如何骗取姑娘的信任。

3 傻姑娘最后把老树砍了，那是因为：

- ❑ 老树由始至终不曾反抗，她感到极端愤恨。
- ❑ 老树被修整得面目全非，她的精神几乎崩溃。
- ❑ 她要向“众人”的行为表示强烈的抗议。
- ❑ 她对老树产生了感情，而老树辜负了她。

问答题

1 傻姑娘的许多不被人认同的举动，说明了什么？

2 作者对老树的来源的描述，使你产生怎样的联想？

3 试举出生活中的例子，说明“傻”的人并不傻，“怪”的人并不怪。

专题作业建议

1 寻访新加坡具历史意义的建筑物，并说明这些建筑物应该保留的理由。（可制作成唯读光碟或录象光碟。）

2 搜集“樟宜”树被非法砍伐的新闻，和遭合法砍伐的老树作一对比，探讨其中的不同含义。

演出建议

* 舞台布置可以很简单，注意“树”的造型，应有“怪”的特点。最后一场它被修饰后的造型相当重要。
* 这是个寓言剧，“树”是拟人化的，具有深刻的象征意味。
* 姑娘的年纪大约是十岁到十三岁，天真无邪，但很聪明。
* 只要不乖离原剧精神，演出方式可以打破常规。
* “众人”可多可少，声势很大，而且很一致。

我要上天的那一晚

序

〔这个戏的演出，最好是不用正规剧院，最好找一个别太大的厅，最好让观众在三面把表演区围起来；观众人数最好不超过两百人，好让演员能跟每个人直接地接触。

〔戏里的“我”，可由一人扮演，也可由数人扮演。在实践话剧团的首演中，这个“我”时而由一个人扮演，时而由三个人合演。

〔演员上场：自我介绍之后，教大家做一朵纸花，说是下面戏里要用。他们先示范，再到观众群中去帮助那些有困难的，设法使到每个人都做成一朵花。

〔开演时演唱《我要上天的那一晚》的主题歌《点线加圆圈》：

一个点

一条线

加个圆圈

翻过来

倒过去

随你怎样看

啦……

嘻……

哈……

喔……呀……

啦……呼……

嘀……呀……

滴一滴水

我们上去划船

吹一个泡泡

钻进去探险

为一朵花

飞越九重天

不上天在地上也一样好玩

〔到末尾，演员把花扔给观众，并邀观众把他们的花也都扔向表演区。演员们细心地把所有的花都珍惜地收起来。

(一)

我　现在是我来告诉大家一件童年往事。可是和大家在一起，一

下子要唱歌，一下子要谈话，像平常一样忙这个忙那个，整天赶时间，谁会去想小时候的事情。如果我闭上眼睛，忘掉四周的人，忘掉自己在什么地方，静静的想……

六岁的时候，我看过一本书，书名是《大自然的真相》。书里有一幅画，画着一条大蟒蛇正在吞噬野兽的样子。书里说："大蟒蛇不用咬，就把猎物整个吞下去，然后一动不动躺在那里六个月，慢慢消化。"

那时我很喜欢大自然，常幻想在森林里冒险，所以我画了我的第一幅画。这就是我的第一号作品。

〔"我"展示第一号作品。

我把第一号作品拿给大人们看，问他们有没有被它吓坏了？

他们笑着说："谁会被一顶帽子吓着？"

哎呀，我画的不是一顶帽子，那是一条大蟒蛇吞了大象的样子！

既然大人们不会看，我就再画一张；大人们总是这样，什么事都要我们说得明明白白。所以我画了大蟒蛇的内部，让他们可以看得清清楚楚。这就是我的第二号作品。

〔"我"展示第二号作品。

这回大人们劝我："不要再画了，不管是大蟒蛇的内部还是大蟒蛇的外部，都不要再画了。"

〔"我"无奈地把画撕成两半。

这就是我六岁时画的两幅画，要不然，今天我可能是个大画家了。

我想，你们小时候一定也做过一些事情是大人们觉得莫名其妙的；可是和这么多人在一起，一下子要唱歌，一下子要说话，一下子要做纸花，像平常一样忙这个忙那个，整天在赶时间，谁会去想小时候的事情呢？可是如果你闭上眼睛，忘掉四周的人，忘掉你在什么地方……现在大家一起闭上眼睛一分钟，回忆你童年的一件事。

可能你会想起一幅画，一件小时候的玩具，一样……你想和我一样，把它画出来，写出来给别人看看吗？可是我们现在没有纸，啊，不然我把花分回去，大家把想到的写在花瓣上。

你们一边写，一边听我说下去。大人们劝我不要再画了，不管是大蟒蛇的内部还是大蟒蛇的外部。他们说我应该上学了。上图工课的时候我交上我的第一号作品。老师说："同学们，他画的帽子真好看，应该给他贴一个大大金色的星星。"同学们都羡慕死了。

可是，这哪里是一顶帽子！……

老师又说话了："你再去画一张……学校的运动会，好不好？"

我想来想去，运动会最引人注目的到底是什么？啊！是运动员最想先碰到的那一条线！跑到终点的那一条线！于是，我

交了一张画，上面只有一条线。老师摸了摸我的头，给了我一个鸡蛋。

我决定不要再画了。

可是上美术课不能不交功课，为了让他们看懂，我就直接交了第二号作品……就是画了蛇的内部的那一幅。老师说："这是中学生画的？去，去画一幅人像画……我的老师。"

这一次，我想都没有想，就在纸上画了一个大圆圈。我没寄望他会给我及格，可是我没想到他会说："你要上课就认真上课，你不想上课就出去外面站！"……我到课室外面站。

我哪里是捣蛋？老师骂人的时候，就只能看见他那张大大的嘴……大大的洞，我画个大圆圈有什么不对？

全校，连校工都认为我捣蛋，说我开老师的玩笑。走到哪里，大家都"啧啧……"

我不要再看到他们了。这样的生活有什么好留恋的？

我要走我要走，我要走去一个没有人的地方。我要走我要走，我要走去一个没有人的地方。我要走我要走，我要走去一个没有人的地方，没有人没有人，没有人的地方。没有人没有人，没有人的地方……

我来到一座很高很高的高楼下，一口气跑到最高一层，我走到栏杆旁边向下一望，哎呀！……再向上一望……哗！黑暗的夜空一望无际，点点的星星向我眨眼，多么辽阔！多么自由！我想我想我想，我的灵魂要是能在上面自由飞翔，那该多好啊！

（唱）

天上的星星
为什么眨眼
夜空里黑黑
是不是你很孤单
今晚
明晚
总有一晚
我要上来和你做伴

（二）

〔正当“我”望星空的时候……

王子 请问，你种花吗？

我 ……

王子 你会照顾玫瑰花吗？

我 不要吵！

王子 你会画画吗？

我 不要吵我！我要上天去自由飞翔！

王子 你会画玫瑰花吗？

我 我说不要吵我！

王子 我的小星球有一棵玫瑰，如果给小羊吃掉……

我 你在哪里？

王子 我在这里。

我 哦！各位朋友，我们戏里的主人公小王子来了！欢迎！！咦！他哪里像小王子？

都怪我从小没把图画画好，没法把我遇到的小王子的样子画出来，所以导演只好临时找他来代替。

王子 我的小星球只有一棵玫瑰，要是它被小羊吃掉，我就没有花了。你知道怎样保护一棵玫瑰不让小羊吃掉吗？

〔小王子表演哑剧，解释羊和花。

你知道怎样保护一棵玫瑰不让小羊吃掉吗？

我　我帮你这个忙，不过你也要帮我上天。

王子　为什么？

我　我要离开这个地方，因为没有人看得懂我的画。

〔小王子过去看画。

小王子虽然人小小，但是他很通情达理，我画的画他都明白。你知道小王子为什么不远千里[1]穿过银河到地球上来吗？

王子　怎样保护一棵玫瑰不让小羊吃掉？

我　唔……把小羊拴起来，叫它吃不到玫瑰不就可以咯！

王子　把小羊拴起来？那它就不能随便跑动了。

我　不然，你做一个篱笆把玫瑰围起来。

王子　围起来？那玫瑰不是很孤单吗？

我　（想办法）不可以把玫瑰围起来……不可以把羊拴起来……（突然想起来）哎呀，星球上只有你一个人，现在你不在了，玫瑰又没有围起来，不是要给小羊吃掉了吗？

王子　不会的，小羊在睡觉，我们的晚上只有地球的35分钟，我在它醒来之前赶回去就可以了。请问你们现在几点了？我只要在XX点（视现场演出时间而定）之前回去，小羊就不会吃掉玫瑰。等一下时间到了你们要提醒我。

---

[1] 不远千里：又作“不远千里而来”，表示不以千里为远来到某地，比喻不畏路途遥远。

有什么办法吗？保护玫瑰不让小羊吃掉？

我　不能拴……不能围……不知道。

王子　你说你会帮我的！

我　我帮。我可以陪你一起去找人问。

王子　好。现在就走。

我　等等。现在去哪里？

王子　到处去试试。我带你飞。我们一起走。我可以化进你的身体，你把自己当成我，你代我问不就可以了吗？

我　你化进我的身体？好！（做种种尝试）化进去，化进去，化进去！

王子　为什么不可以？

我　干脆你把自己变不见。

王子　是啊！不过你不可以看。……好了。

我　小王子，我们没有时间了，快一点变吧。

王子　我已经变了。

我　我还能看到你！

王子　你是看得到我，但是他们却是看不见，不信你问问看。

〔小王子一定要想法子诱使观众合作，说看不见他，否则戏无法演下去。

好，我们可以走了。

〔音乐。

（三）

〔“我”和小王子飞到了学者的工作室，学者出场。

王子　这是什么地方啊？（看着学者抱着巨书）哇！这么大本的书，他一定是个大学问家。

学者 啊，又来了一位探险家，你好！

（小王子要与学者握手，但是学者看不见他，反而与“我”握手）

我 你从哪里来？老人家，你是干什么的？这本大书又是什么？

学者 我是地理学家。

我 地理学家是做什么工作的？

学者 地理学家是专门记录世界各地的海洋、河流、城市、山脉、沙漠、绿洲的位置。

我 哦！那么我们这里有什么河？

学者 （一时茫然，赶快翻阅大书）不知道。

我 我们这里有什么山？

学者 （再翻）不知道。

我 我们这里有什么名胜古迹？

学者 不知道。

我 你连这个都不知道！

学者 你问我这些干什么？听清楚，小孩子，我是地理学家，不是导游！

我 哎呀，我们也不是导游，可是同学们都知道，是不是？让我们来告诉这位地理学家新加坡有什么河！（请观众回答）新加坡有什么山？（请观众回答）新加坡有什么名胜古迹？（请观众回答）哪，你看，虽然我们没有大大本的书，却知道这些学问。

学者 怎么从来没有探险家来告诉我新加坡有××××（采用观众的答案）河，还有××××（采用观众的答案）山，还有××××（采用观众的答案），我又不是探险家，我地理学家的工作是在书房里接见探险家，记录探险家所看到的东西。好了，我们言归正传，你是从哪里来的？

王子 B612号小星球来的小王子。

学者 你是从哪里来的？

〔学者听不到小王子说话，下面小王子的话都要通过“我”的口。

王子 B612号小星球来的小王子。

学者 那里有什么值得记录的？

王子 我的小星球上有两座活火山，可以用来煮水烧饭，有一座死火山，可以用来洗澡冲凉。

〔学者听说那么小，很勉强地记录。

那里没有森林海洋，只有一棵玫瑰和一只小羊。

〔学者感到莫名其妙。

我 记啊，为什么不记了？

学者 不记不记，凡是短暂的，很快就会消失的东西，我一概不记！

王子 什么？短暂的……不记？

学者 我只记录那些持久永恒的东西。

王子 持久永恒的？……那么说起来，你也不种花，不养羊吧？

学者 种花？养羊？干那些有什么意思啊？

我 那么说起来，你一定也不知道怎样保护一棵玫瑰不让小羊吃掉吧？

学者 （觉得极度的荒唐可笑）保护一棵玫瑰？不让小羊吃掉？哈哈哈……！

王子 老人家，你知道你笑得很古怪吗？

学者 年轻人，我的意思是说，世界上有很多重要的事等着我们去做，你为什么浪费时间去种花养羊呢？

我　老人家，高山上要是没有花草该是多么枯燥？

王子　平原上要是没有牛羊该是多么单调？

我　河流里要是没有鱼虾该是多么寂寞？

王子　沙漠里要是没有绿洲该是多么痛苦？

我　老人家，您瞧不起短暂的东西，可是，如果没有了你这样生命短暂的地理学家，也就没有地理那样的大学问了。

学者　孤陋寡闻，强词夺理！

〔学者拂袖而去。

我　小王子，不要伤心，我陪你去问别人。

〔音乐。

(四)

药人　（把观众当成推销的对象）来啊，来啊！神药神药最神奇的药，祖传秘方，配上最新科技，精制而成的“长期解渴丸”。来啊，来啊！高科技时代的重大发现，忙碌人们的大好消息！

助手　等等，等等……请问您这药丸是干什么用的？

药人　干什么用的？啊，太重要了！它是现代忙人的大救星，你只要吞下一粒，保你一个星期不必喝水！

助手　什么？吃了一粒药丸就可以一个星期不喝水？

药人　对极了！各位，我现在问大家一个重要的问题：您知道我们每天要花多少时间喝水吗？（请观众回答）

根据我们的科学调查，以两个人为一个家庭单位，每人每天平均要花八分钟的时间喝水。具体来说，它包括了：走去，拿壶，走来，放壶，开水，装水，关水，送水，提壶，放壶，开火，关火，提壶，拿杯，倒水，张口，喝水，吞水。如果你不是即烧即喝，有存水保温的习惯，那么还要加上开冰箱，关冰箱，开水瓶，关水瓶的时间，以每两个人为一单位，平均每人每天要花八分钟，一个星期就要花五十六分钟。如果你是独来独往的现代单身汉，那么你每星期平均喝水的时间是一百零五分钟，就是一小时又四十五分钟。请问：在现在这样一个时间如金，分秒必争的社会中，这是多么巨大的浪费啊？

让我们来计算一下它的金钱价值吧。您看：如果您的月薪是五千元，每星期工作四十小时，花五十六分钟喝水，就等于是无端端丢掉了三十元，一年加起来，就是三百六十元。单身汉是六百元。这是一笔庞大的社会浪费！根据我们的科学统计，如果全新加坡的人都吃“长期解渴丸”，如果全世界的人都吃“长期解渴丸”，我们保证，不出五年，经济萧条必会销声匿迹，通货膨胀必将无影无踪，我国的经济增长率将再度冲过二位数字，美国的贸易赤字全部消失！长期吃“长期解渴丸”，个人健康，家庭幸福，国家繁荣，世界太平。“长期解渴丸”，三块钱一粒，请买一粒试试吧！

〔卖药人拿出糖到观众群中推销，如果没有人买，就把糖当成“长期解渴丸”的试用品分给大家吃。

我 请问，您种花吗？

药人 （一时摸不着头脑）……花？

我 是，玫瑰。

药人 玫瑰？

我 您知道怎样保护一棵玫瑰不让小羊吃掉吗？

药人 （茫然不知所云）小羊？……吃……玫瑰？……

（对观众）这个人没有问题吧？刚才我们正在讨论一个重要的问题，牵涉到个人国家世界的重大问题，他却在想什么玫瑰……小羊……这个人是不是脑袋有问题？

〔就在这时，一位体弱的老人辛苦地提着一个水桶上来，全神贯注地挣扎到井边，辛苦地打了半桶水，然后小心翼翼地往回提。周围一切，他视若无睹。

药人 你们看！这就是典型的落伍者，现在已经是电脑时代了，他还天天提着桶去井边打水；不但自己喝，还要给他的老婆送水。你们看，这是多么不卫生，多么不文明，多么不现代化，多么愚蠢啊！你们在见证一个无知的人如何拒绝科学的成果，在落后的旧习惯里无谓地断送自己的生命！

我 老人家，您为什么不吃他的“长期解渴丸”？

老人 吃？……他的？……

我 您为什么要辛苦地到井边打水？

老人 我的……我的……好喝！

药人 乱讲！井水有什么好喝的？我的才好喝！

老人 你的没味道。

药人 我的要什么味道都有：橙、苹果、草莓、榴梿、红毛丹、龙眼、荔枝、芒果、香蕉、西瓜。你的有什么味道？

老人 你……你……你……

药人 对，……你的有泥的味道！

老人 （丝毫不以为忌，还对着他微笑）……你的味道，没味道。（提桶往回走）

我 老人家，你年纪那么大了，为什么不吃他的“长期解渴丸”，省点力气，省点时间。

老人 省……省……省……（吃力得要命，老是说不出来）

药人 省力气，省时间！

老人 省……省……省……省来做什么？

〔两人一下子被老人问住了，不知怎么回答。

老人 省来给……给……给我老婆打水！

我 老人家，您的水到底有什么特别的味道？可以让我喝一口试试吗？

〔老人欣然答应。

（一试之后）……您的水没有什么特别的味道。

老人 如果你自己去打水，就知道是什么味道了。（往回走）

我 （看着老人的背影，突然想起）老人家，您知道怎样保护一棵玫瑰叫它不让小羊吃掉吗？

老人 花……花……（闻花而回头）

我 是，玫瑰。

老人 去……去……去找花匠。

我 老花匠？老人家，您可以带我们去找他吗？

老人 我没空……我……我要拿水……去给……我的老婆……喝。（径自走了）

我 （对着隐形的小王子）小王子，您知道花匠在哪里吗？好，走。

药人 喂……“长期解渴丸”，“长期解渴丸”……

〔音乐。

（五）

〔老花匠的花圃，狐狸在勤恳浇水。“我”和王子到了。

我 （端详了这个新地方）地方对吗？（端详了狐狸一阵）怎么，这位老花匠有四只脚的？请问，这是老花匠的花圃吗？

狐狸 是啊。

我 请问，老花匠在吗？他搬家了？

狐狸 你找他有什么事吗？

王子 我有个种花的问题想请教他。

狐狸 请问你是谁？（竟然看着小王子）

王子 你怎么会看到我？

狐狸 我是狐狸。

王子 哦，它不是人！

狐狸 你是谁？

王子 我是从B612号小星球来的小王子。我来找老花匠，因为我有一棵玫瑰……

狐狸 对不起，他已经去世了。

我/王子 哎哟！

狐狸 发生了什么事？

王子 我的小星球有一棵独一无二的玫瑰。我为它花了很多很多的心血，才把它培养长大。它是我的世界上最美丽，最特别的东西。可是，我最近又养了一只小山羊。你知道小羊是很会吃的，我很怕玫瑰会被小羊吃掉。

我　但是他不舍得把玫瑰围起来，也不忍心把小山羊拴起来，不知道怎样才好？

王子　我问了很多很多人，每个人都说，没有办法，一定要把小羊拴起来，不然就把玫瑰围起来。

我　我遇到一位整天去井边打水的老人，他说老花匠知道怎么办。

王子　没想到他……哎，真糟糕！

狐狸　噢，原来是这样。

我　老花匠真的会保护玫瑰吗？

狐狸　真的。不相信？我带你们去看，跟我来。（带他们到观众群里，请大家把手上的纸花举起来）啊！都是玫瑰！

王子　（一看之下，大惊失色，而且越看越是惊异）什么？什么？那么多？那么多？都……都是玫瑰？

狐狸　一共有XX棵。（按照现场观众的大约数目说）

我　都是玫瑰？！

〔小王子伤心地走去一旁。

我　小王子，你怎么啦？

王子　我还以为玫瑰是稀世奇花呢。以为全宇宙只有那么一棵，我天天照顾它，为它浇水、拔草、除虫；太热了为它遮荫，太冷了为它裹暖。没想到，没想到它原来是那么普普通通的。

狐狸 普普通通？

我 不是吗？你看，满园都是一个样子，有什么特别的？

狐狸 都是一个样子？（对观众）你们都是一个样子？不是的，你看，这个头发长一点，那个头发短一点，这个黑一点，那个更黑一点。他笑出声，他笑不出声。这个瘦一点，那个……更瘦一点……

我 可是，他们的花都是一样的。你看，都是红的……

狐狸 是吗？（问观众）你们看到吗？每一朵的花瓣都不一样，而且，老花匠给每一朵花起了名字，朵朵不同。（请观众在花瓣上写下自己的名字，然后带小王子去看，读出名字）你的玫瑰是怎样的？

王子 我的玫瑰今天早上是一百零五点六毫米高，它有十二个花瓣，有五片叶子，还有十三根刺，它晚上最怕风，所以我用玻璃罩把它罩起来，它才不会伤风。

〔可以考虑在台上安排一大片白纸，让小王子把他的玫瑰画出来。

狐狸 它叫什么名字？

王子 玫瑰。

我 你的叫玫瑰，（转向观众）这些都不是，他们有的叫XXXX，有的叫XXXX，有的……

狐狸 小王子，你慢慢看吧，有很多时间。

王子 （被提醒）现在几点了？（问观众）我要赶快回去，谁可以告诉我怎样保护玫瑰不让小羊吃掉吗？

〔狐狸问大家，希望能有观众说出部分或者全部答案。要是没人说得出，狐狸才如下给答案。

狐狸　我可以告诉你。

王子　你？狐狸？快说。快说。

狐狸　其实，那是不必要的。

我　什么，你也觉得玫瑰不值得保护吗？

狐狸　不是。我是说不必去保护它。玫瑰有刺，它懂得怎样保护自己，一般的动物都不敢碰它。而且，小羊也是不吃玫瑰的。

王子　什么？小羊不吃玫瑰！玫瑰花会自卫！不用拴起来！不用围起来！（高兴地跳起来）我要走了，虽然不用拴不用围，我还是要回去看我的玫瑰和小羊了。来，上天了！

我　小王子，你跑了千百万里，越太空，穿银河，就为了这个。现在看起来，实在是大惊小怪，小题大做，甚至可以说有点多此一举了！而且看来你的玫瑰也没什么特别。

王子　不，我养的，对我永远是特别的。我要回家了。你要跟我来吗？

我　你养的，对你永远是特别的？……我……我……不要上天了。你的小星球，你的玫瑰还有你的小羊，都是你的东西；我也有我的东西，就是我的图画。别人看不懂我的画没关系，只要我自己明白就好了。我不上天了，小王子，再见！

〔小王子飞走了，“我”望着他消失在辽阔的夜空中……

（唱）

天上的星星

白天看不见

层层云彩后

我知道你在上面

今天
明天
总有一天
我要上去亲亲你的脸

(六)

我 我的故事说完了。小王子临走时还说：“每个人都有星星。对一般人来说，星星只是天空中的小小亮光；对旅行者来说，星星是向导；对学者来说，星星是伤脑筋的问题。但是从今以后，我们的星星和别人的不一样了。”小王子说过：“在满天的星星里，我住在其中一颗上面，当你晚上抬头望着天空时，你知道有一个小王子，一棵玫瑰，一只小羊在对你微笑。而你也会对我们微笑。但是你的朋友不明白，他看见你对我们微笑，一定会觉得你莫名其妙。”

他们会认为我们都疯了。

〔以《点线加圆圈》这首歌结束。

〔在和观众告别时，可以要求他们好好处理他们在现场创作的花。如果他们不想带回去收藏，也不想送给亲人好友，那就请他们把花送给剧团。常常，那些花上会留下很有创意的漫画和真挚生动的言语。〕

导读

黄浩威

如果你已读过法国作家圣·修伯里（Antoine de Saint-Exupéry）的经典著作《小王子》(*The Little Prince*),肯定会觉得在读郭宝崑先生的《我要上天的那一晚》时，就像遇到老朋友一样亲切。如果还未读过《小王子》也无所谓，因为这就是你认识新朋友的机会。我自己就是先交了《我要上天的那一晚》这个好朋友，后来才结识了前者的。其实，郭宝崑先生的《我要上天的那一晚》，剧情基本上就是直接取材自《小王子》，连主人翁也似乎是同样的那个小王子，只不过他好像只是从书本中的童话世界走上了舞台罢了。

那我们是否能说郭宝崑先生抄袭了圣·修伯里的著作呢？我想不是的，因为《我要上天的那一晚》除了继承了《小王子》的童真精神之外，还通过演员与观众之间的互动的（interactive）呈现方式来讲述故事，例如演员在开场时教导每位观众制作纸玫瑰，在结尾时又让他们于狐狸和小王子相遇时将纸玫瑰举起来，营造出一种参与的温馨气氛。

当然，我这么形容，你也许会觉得是“纸上谈花”，有些同学还甚至觉得很幼稚、很无聊，因为没有身临其境，观赏正式的演出，不一定能深切感受到什么。但是，当你轻易地认为剧本中的“我”和小王子的行为很幼稚很无聊时，那也许除了意味着你已经开始长大之外，同时也代表

你的心已经开始死亡。因为，不论是《我要上天的那一晚》或《小王子》的作者，他们都在真诚而努力地提醒我们：不要轻易失去感动的能力，否则我们的赤子之心就开始退化和苍老。

啊！太“chim”了，到底什么是“不要轻易失去感动的能力”，什么又是“赤子之心就开始退化和苍老”呢？没关系，就以剧本中的两个人物为例吧，那个只喜欢“记录持久永恒的东西”的学者，或者那个卖“长期解渴丸”的药人，他们都可以说是已经对生命失去感动的能力了。

首先，让我们看看学者：他虽然是个地理学家，可是却对周遭环境中的地质，如山川河流、名胜古迹一无所知，整天只把自己囚禁在工作室里不停地记录记录记录，从未踏出大门去亲身考察自然环境的地质条件、感受大自然——平原、河流、沙漠、森林的五彩缤纷。就好像我们有些同学整天只会死啃课本，除了背语文词汇、数学科学的方程式以外，对学业以外的是一概不知，也不闻不问，最后当有人问他：“你的马来同胞为什么不吃猪肉呢？”他很可能会说：“因为猪是回教徒的神圣动物嘛！”

再让我们看看药人吧。这也是郭先生独具匠心，改编自《小王子》的人物。他老人家其实在讽刺我们（新加坡人）现代人，盲目追求工作效率，为了那百分之零点几的经济增长数字，忙得连喝水的时间都没有了。药人无法体会老人到井边打水喝水的“味道”，因为药人认为那是既耗时耗力又极端无聊的。针对这样一种反应，老人却答道：“如果你自己去打水，就知道是什么味道了。”记得当我念小学五年级时，看到一位女演员饰演老人在说这句话的那种惹笑滑稽的表情，笑得四脚朝天。可是现在想起来，才深深体会到，老人其实是在提醒我们，凡是要自己去付出、去感受，才可以充分享受生命的滋味啊！然而在这个脚步快得像流光，资讯多得如垃圾的时代，很多事物被人们用数字、效率来衡量，我们已经逐渐失去停下来做梦和以最单纯的方式去感受生命的能力了。

小王子可以穷尽山川河流，去寻找保护自己星球上的那朵玫瑰的方法，以免她被小羊吃掉。这听起来，尤其是对大人来说，似乎是多么荒谬和愚蠢的行为啊！但他这种坚毅的探求精神，却正是我们大人和小孩应该学习的，因为小王子可以全心全意为一朵花而跋山涉水，这是他最真挚最无邪的表现，是对纷扰庸碌、自以为是的大人世界的一种反抗，也是老人坚持十年如一日地到井边打水所体现的“赤子之心”。理由很简单：小王子和老人都还没有对生活感到麻木。

哪一天你突然对生活感到失望，或是逐渐失去感动的能力时，不要忘了，停一停，翻翻《我要上天的那一晚》或《小王子》，或者望望窗外的星星，也许小王子站在那颗最璀璨的星球上和他的玫瑰与小羊，正对你微笑。

或者如果你愿意，你也可以对自己微笑，因为小王子早已住在你的心里。

作者简介

黄浩威

诗人、剧作家、剧评人，中国北京大学中文系毕业。目前于初级学院任教。

问卷

选择题

1 “我”画的图画总是被老师否决，那是因为：

- ❑ “我”不明白老师的要求。
- ❑ “我”没有按照老师的指示作画。
- ❑ 老师觉得“我”是故意捣乱。
- ❑ 老师不理解孩子的想像空间。

2 老人说“如果你自己去打水，就知道是什么味道了”，这句话的真正含义是：

- ❑ 凡事一定要亲力亲为。
- ❑ 只有付出劳动才能感受收获的可贵。
- ❑ 享受别人的成果虽然甘甜但是不长久。
- ❑ 花太多精力去研究解渴丸是没有意义的。

3 最后“我”打消了上天的念头，是因为：

- ❑ 他看到王子花费了时间却做了愚蠢的事。
- ❑ 他知道天上也有一些他不理解的人和事。
- ❑ 他认识了自己的能力，不再在乎别人的看法。
- ❑ 他虽然遇到挫折，但对眼前的世界还是很留恋。

问答题

1 “我”的几幅画，都被老师否定了。你怎样评价这几幅画？

2 药人对自己所发明的“长期解渴丸”有一大套理论，谈谈你对这理论的看法。

3 剧中哪几个故事片段是说明“对自己有正确的认识是很重要的”？

专题作业建议

1 从生活中，或历史人物中，找出“创意被扼杀”的例子，并写成故事或短剧。

2 做一集体游戏，在让每个人极度干渴，而必须自己找水源。规定水源不能买，不能从自来水管取。游戏结束后，各人谈“水”的滋味。

演出建议

* 可由三位演员串演全剧。一位演“我”（男生或女生都可），一位演小王子，第三位分饰旅程中其他角色如学者、药人、老人、狐狸等。
* 整出戏可以设计成小朋友玩游戏，先把舞台后方贴上白纸，以主题歌开场，然后在过场时，一边唱歌一边在白纸上画画。可以画些和剧情有关的图案，如玫瑰花、小王子的星球、羊、狐狸等，使整出戏更富动作性和更有色彩。
* 《点线加圆圈》是一首歌的歌词，如找不到原创音乐，也可以把它谱成歌曲，作为开场和过场之用，而且意义深远。
* 这是个寓言剧，留有很多想像空间，因此设计不宜太实。人物的服装也不必过于真实，在基本服装上加点象征的东西就行了。这个戏以演员的表演为主，并多与观众互动交流，全剧重点在表现寓意，制作可以尽量精简。（黄美兰提供）

寻找小猫的妈妈

〔黑暗。

〔一道灯光俯照在台中央。妈妈缓慢的走到灯区里，停下。她继续行走，然后走出灯区，并又停下来。

〔台后有人在轻轻哼唱“ABC”歌。随着更多声音的加入，十个年轻人从不同方向走上舞台。灯光加强。演员从各个方向越过舞台及其他人，并重复着同一首歌，歌声随着脚步的加速而更加响亮。最后他们围成一个圆圈，把困惑的妈妈围在其中。他们行动加速，并逼近妈妈，直到妈妈被牢牢的围困在圆圈内。

〔突然一切归于静止。妈妈尝试挪动。紧扣的圆圈毫不放松。她举起手，想要抓住一样什么东西，可是她什么也没抓着，于是颓然的放下手。妈妈再尝试挪动。紧扣的圆圈拒绝让步。

〔她感觉到下方或有转机，就蹲下身来。她探索着，终于找到一个空隙。她使尽全力，扳开围困着她的其中两只腿，并很辛苦的挤了出去。由于用力过度，她疲累的跌坐在地上。喘了一口气之后，她爬起来，然后跌坐在一个竹凳上。

〔一切依然静止。

〔突然爆发出一阵喧闹、跑动及追逐，只见演员像孩子们在 O Bei Som[1]。经过淘汰，只剩两个孩子。然后他们转而用Lam Cham Ba[2] 决定谁 pasang[3]。

〔选定之后，他们开始玩“小贩游戏”。

〔孩子们说话时搀杂了福建话、华语及英语。他们玩“猜小贩”。

〔正当他们进入第二轮时，妈妈手提着小竹凳出现。

孩子们 啊，妈妈来了！妈妈来了！妈妈！

〔他们停止游戏，并兴致勃勃的围绕在妈妈身边。

孩子们 讲故事！唱歌！我们今晚要做什么呢？

---

[1] 一种游戏，用来进行分组或淘汰。做法是召集全部参与者，同时亮出掌心或掌背，以此归类组别。

[2] 另一种游戏，也叫“剪刀、石头、布”。

[3] 扮演专家或称“做鬼”，“pasang”的人通常只有一个，例如：玩捉迷藏时，“pasang”的人必须去找躲起来的人。

妈妈 我唱一首歌给你们听吧。（始终只说福建话）

孩子们 哗，新的，好啊，好啊！

妈妈 让我先教你们歌词：

孩子乖乖睡，一夜大一寸

孩子妈妈疼，一夜大一尺

摇儿日落山，抱儿近近看

儿是我心肝，怕他受风寒

现在我先唱一遍，然后你们跟着唱。

〔她把儿歌唱了一遍，孩子们都陶醉其中，他们跟着妈妈唱第二遍，然后就自己唱了起来。

〔唱着唱着，他们都困了，歌声渐渐变成哼唧，越来越微弱，直到其中一个孩子开始不耐烦了。

孩子A （福建话）妈妈，不好啦。你看，每个人都要睡着了！还是讲故事啦，妈妈，讲故事！

孩子们 （福建话）呀，讲故事！讲故事！

妈妈 好，讲哪一个呢？

孩子A （福建话）讲那个小猪的故事。

孩子们 （福建话）不要，不要！那个已经讲过好多次了！

孩子B （福建话）妈妈，讲孙悟空的故事，那个有猴子的！

孩子们 （福建话）不要，不要！那个也是讲了不知道多少次了！不要，讲新的。妈妈，新的！

妈妈 好吧。我就讲一个龟兔赛跑的新故事。

〔大家为了兔子和乌龟是什么样子而争论一番后，妈妈才开始讲故事。

妈妈 很久很久以前，有一只很会跑的兔子。有一天，他遇见慢吞吞的乌龟。顽皮的兔子就说：“嘿，我们来赛跑好吗？”乌龟回答：“哎呀，你在开玩笑吧。我怎么跟你赛跑呢？”兔子很骄傲，哈哈大笑，并自夸道："啊哈，你不行，你不行！你准输的，准输给我的！"

虽然乌龟脾气很好，却也被激怒了。当兔子不断的说："你准输的，你准输的！"他就越来越不耐烦，终于答应："好吧，我和你赛跑！"

他们在地上画了一条线并蹲下身来各就各位。当乌龟数到三，兔子就像火箭一样飞快地跑了，一转眼就不见了。他回头一望，隐约看到被远远丢在后头的乌龟一步一步往前爬。

兔子是个骄傲的家伙。他想："哼，我这么快，他那么慢，他可要花很长很长的时间才能赶上我呢。哎呀，我现在应该先睡一觉，才继续跑。"于是他在路边躺下来，很快的就呼呼入睡了。

乌龟慢慢的、一步一步的走着。当他看不见兔子时，就自言自语道："哎呀，这回死定了；我准输了——现在连兔子的影子都看不见了！"可是当他走近看到兔子在睡觉的时候，他的心就定下来了。他悄悄的走过兔子，继续往前爬。

当乌龟走了好长的一段路后，他回过头来，看到兔子仍在睡觉，心里很高兴，并加快脚步。过了一会儿，他再回过头来，看到兔子仍在睡觉，心里感到更加兴奋。

虽然他已经遥遥领先，他还是默默的，一步一步，一步一步，直到他终于到了终点！

孩子们 哗噻！乌龟赢了，乌龟赢了！

（孩子们都异常兴奋）

妈妈 你们看，勤劳做事，一定有成果。而且要坚持到底，才会有收获。

孩子们 妈妈，我喜欢乌龟。

妈妈，我喜欢乌龟。

我知道怎样做乌龟。

你看我走路的样子。

妈妈，看，我像不像乌龟啊？

我也可以。妈妈，看，这样子慢慢的。

我也是，妈妈，这样子慢慢的……

〔由于妈妈的鼓励，他们一直努力学习乌龟的爬行动作，并齐声唱道：

勤劳做事，坚持到底。

勤劳做事，坚持到底。

〔后来孩子D模仿兔子的动作。其他人都觉得她好古怪……

孩子C （福建话）妈妈，看，有一只疯兔子！

孩子们 哈哈哈……疯兔子，疯兔子！

孩子D 不，我不疯。你们通通才是笨蛋呢。你们知道吗？我想是兔子比赛赢了。你们知道他怎么赢的吗？

孩子们 哈哈哈……疯兔子，疯兔子！

孩子D 他把乌龟撞倒，还把他像这样子推得翻了过去，让他躺在地上晒太阳，然后就赢了。（把其中一人撞倒——大家都觉得很有趣）

孩子E （福建话）妈妈，妈妈，她说是兔子赢了，不是乌龟。她说兔子经过乌龟的时候，就把乌龟撞倒，还叫他四脚朝天，躺在地上晒太阳，好像烘面包一样。

〔大家都觉得这个见解很有趣，于是都纷纷学习兔子，猛烈的跳跃并相互碰撞。妈妈劝阻无效，结果反被撞倒，似乎失去了知觉。

〔大家互相碰撞一番后，都翻倒在地上，还觉得四脚朝天的姿势怪好玩的。

但他们开始挣扎着翻过身来。当他们发现无法翻身，而太阳似乎越晒越猛烈时，他们的挣扎也越来越焦急。很快的，所有的乐趣都不见了，换来的是极度的绝望。

〔他们一个接着一个，似乎拼过一场生死搏斗般，总算翻过身来，恢复肢体平衡——完全摆脱自满。他们现在都趴在地上，脸孔向地。

〔妈妈苏醒过来，挣扎着站起来，走过去，跌坐在矮竹凳上。

〔接着，孩子们一个接着一个醒来，然后发现妈妈不见了。他们说华语或英语。

孩子F 我妈妈不见了。我们不知道她去了哪里。我们什么地方都找遍了。

孩子G 你得帮我们，我们不知道怎么办好。我妈妈不见了。

孩子E （华语）妈妈不见了。不知道她去了哪里。我们去找她。快！

〔接着是一连串类似的呼喊。

警察 你们什么时候发现她不见了？

孩子们 昨晚。

两个星期前。

我想是去年圣诞节。

四个小时前。

昨天下午……（等等类似的回答）

警察 你们在哪里发现她不见了？

孩子们 在家里咯。

当然是在家里。

我最后一次见到她，是在我们家，肯定是在家里。

她从来不到别处去，所以她一定是在家。

警察 你们怎么知道她在家里呢？

孩子们 她照顾这个家，从来就不出门。

她只有这个家，她当然在家。

那是她一生的习惯，这我知道。

她从来不到别处去，所以她一定在家里。

……（等等类似的回答）

警察　（华语）你们怎么知道你们不在家时她就一定是在家里呢？

孩子们　妈妈照顾这个家，得花整天的时间把屋子打扫干净。

因为屋子一直都很干净，所以她一定都在家里。

她从不敢出门，所以她一直都在家。

我每次回家，无论什么时间，她总是在那里。所以我认为我不在时，她一定在家里。

我妈妈是个习性难改的人。她就只有这个家。她没有别处可去！（等等类似的话）

潮州妇　（潮州话）马打[4]，哎马打，我跟你讲。那个阿珠的妈，哎哟，我想真的很不对劲咧，你知道吗？最近她总是常常带着一只猫出门，而且每次都是在深更半夜。他们两个，阿珠的妈和那只黑猫，每晚都出去。你知道最叫人担心的是什么吗？她居然对着猫哭咧。呀，哭！昨晚我第三次看到她哭，还对着那只黑猫讲话，然后又再带着它出门。不知道到哪里去。但是我跟你讲，很奇怪，很可怕！

警察　（潮州话）真是这样吗？好，我来帮你报案。请让我看你的身分证。

---

[4]马打：马来语“mata”，警察。

潮州妇 什么？要身分证啊？不要啦，不要啦，我不要报案了。

女孩 （广东话）一天晚上，妈妈离家出走。我只找到她留下来的一封信。她在信上说，她要去自杀……我吓坏了。我不知道怎么办好。我告诉爸爸。他一句话也不说，也不做什么。于是我冲出去，冲到街上。我走着走着，可是到哪里去找妈妈呢？我抬头望着面前一座一座的组屋。她会在这一座上面吗？或者那座？或者那座？……我走着走着，结果走到妈妈常常光顾的夜市。这时已经天亮了，可是，当我望向聚集的人群时，突然妈妈在我面前出现，她的样子一点也没变。我以为我在做梦，直到妈妈走向我，并掏出手帕为我抹去眼泪时，我才知道一切是真的。然后她跟我说她很烦，很想结束自己的生命。她说她去到河边。可是，她说，正当她要跳进河里，她在水里面看到我们每个人的脸。她说我们都在向她招手，求她留下来。于是她想通了，并慢慢的走回巴刹……我太高兴了，一句话也说不出……

〔她在讲的时候，其他人一齐跪在她面前，像在看电视连续剧一样地看着她。

〔警察走到女孩身边关上电视。然后他走过去安慰孩子们，似乎在问他们："你们有什么话要说？"

孩子们 （有的说华语，有的说英语）

不，那绝对不是我妈妈。

呀啦，那只是电视而已。

妈妈从来不会那样的。

妈妈绝不会做出那样的事啦。

那个人怎么可能是我妈妈呢？

警察 一个年老的妇人？在半夜三更出门？

孩子们 半夜散步？

半夜三更出门？

没有告诉任何人？

每一晚？（等等……）

警察 还有一只猫！

孩子们 （华语及英语）什么猫？

啊！原来她一直为这个东西烦啊！

你看！我跟你讲过，那只猫不吉利。

Alamak，她现在这样太过分了。

我已经跟她讲过多少次了：组屋里不可以养猫。现在她居然为了这只黑猫而疯疯颠颠的！

我就知道那里不对劲！

我想是这只猫使她这么古怪。呀，一定要把这该死的畜生除掉。第一，它使人敏感，然后现在它叫妈妈晚上出去。太过分了！太过分了！

〔他们气愤到近乎疯狂的地步，四处寻找小猫，并肯定是它导致所有的不愉快。他们的“疯狂”举止，惊动了妈妈。她冲了过去，阻止他们继续狂乱下去。

妈妈 够了！够了！我说够了！

〔听到这一声严厉的命令，大家都停了下来。

妈妈 好了，你们现在都已经长大，翅膀都长硬了。你们现在不再需要我，是不是？所以我连养一只猫也不可以了，是不是？为什么我连养一只猫都不可以？难道这个要求过分吗？我连养一只猫都不可以吗!？

〔他们都退下，感觉有些尴尬。他们退到表演区后面坐下，妈妈开始专心的、仔细的寻找小猫。找不到，她失望的坐下。

〔一位印度老人出现。他在神像前膜拜一番，然后伏卧在地上，一动也不动。妈妈开始觉得不妙，就走过去看看。由于丝毫没有动静，妈妈有些担心，试图动一动他。老人突然反应，吓她一跳。她向受惊的老人道歉，并退到一个角落。

〔妈妈继续寻找她的小猫，本来只是张望，后来“喵喵”的叫起来。这引起老人的浓厚兴趣，也开始寻找什么似的。当他发现原来那是妈妈的叫声，就突然笑了。

〔接着，两个老人——一个说福建话，一个说淡米尔语，很殷切的尝试与对方沟通。

妈妈 你怎么了？

老人 啊？

妈妈 我说你怎么啦。我不见了猫，这也好笑吗？

老人 啊？

妈妈 我说你怎么啦……哎呀，你听不懂。

老人 啊？

〔于是，她说福建话，他说淡米尔语，加上最生动的手势与表情，两人好不容易进行了以下愉快的“谈话”。

妈妈 我有一只猫。

老人 我也有一只猫。

妈妈 我的猫有这么大。

老人 我的猫有这么小。

妈妈 啊，我们都有养猫。

老人 你的猫喵喵叫。我的猫咪咪叫。

妈妈 我的猫长黑色的毛。

老人 我的猫长棕色的毛。

妈妈 我的猫有短尾巴。

老人 我的猫也有短尾巴。

妈妈 短尾巴的猫才漂亮。

老人 非常漂亮。

老人 我的猫也是被我的孩子赶出来。都是坏人。很坏，坏透了！

妈妈 别烦。别为他们烦。开心点嘛。

〔就在他们互相安慰的当儿，妈妈看到不远处有一只猫。两人都很高兴，结果发现那是老人的猫。老人兴奋得很，走过去抚弄小猫一番，并努力教小猫走到妈妈处。小猫不愿意。于是他引着小猫走向妈妈，而妈妈也很高兴认识小猫。然后老人走回头，向小猫招手，小猫飞快走向他。他很高兴，也很自豪，并再尝试教小猫走向妈妈。但不成功，他还是必须带着小猫走过去。他再走回头向小猫招手，小猫又飞快跑向他。当他再次尝试教小猫自己走向妈妈时，他成功了。两位老人都因为小猫总算认得一位新朋友而兴高采烈。

〔然后妈妈说小猫太瘦，必须吃点东西。老人同意，起身到市场去。他很依依不舍的向妈妈告别，走了。

〔留下孤独的妈妈，继续寻找她的猫。

〔没有小猫的踪迹。妈妈躺下，一边叫唤小猫，渐渐入睡。灯光暗。

〔妈妈在梦中听到小猫的喵喵叫声。孩子们宛若小猫，从后面走向前，与妈妈亲昵一番。然后他们分开两组，变成小孩，其中一组练习英语字母，另一组则练习华语。

〔从此刻开始，妈妈盘腿坐在台中间，并伸出双手扑打地板。

〔接着两组孩子开始进行一种言语的游戏。

孩子F （用双语和其他人进行文字游戏）Bitter Batter。

孩子H 天上星星亮晶晶。

孩子D Peter Piper。

孩子C 四不是十。

孩子I She sells seashells on the seashore。

孩子J 一、二、三、四、五。

孩子K The rain in Spain falls mainly in the plain。

〔接着两组人开始争论，直到大家都感到极度混乱。

孩子A 停！停！这个不好玩了。我们换。

孩子们 换什么呢?

孩子A 地下铁！

孩子们 啊！

〔他们明白这个新游戏与翻译有关，每个人都兴致勃勃加入。

〔有人先提出一个词，下一位被指定者必须说出华语的同义词，然后下一位被指定者则须说出福建话的同义词。他们每一次都知道英语和华语的名词，却总不能准确说出福建话的同义词。

〔他们说出的名词包括：

MRT —地下铁。

图书馆—可以借很多书的地方。

保险—你发生意外之前，先付一点钱。遇到意外之后，他们会付你很多钱。

别针——种可以刺过去然后按下的扣针。

婚姻注册局—领取婚姻执照的地方。

〔结果他们争吵起来。妈妈感到厌烦，命令他们去温习功课。

妈妈 去温习功课。去，现在就去温习功课！

〔孩子们很不情愿的走到后面，排成一行，并开始温书，同时唱着“ABC”歌。

〔他们一边唱，一边缓慢的一步一步向前走，直到同一首歌重复了三遍。

〔他们停下不动。然后他们两人一组，一人趴在另一人的背上，一人背一个开始绕着圆圈走，而妈妈依旧在台中，双手敲击着地板。

〔他们开始用英语和华语写信，同时翻译成福建话。他们大声的念，每人分别念几行句子。被背的人讲原话，背的人翻译；或对调。每个人都在福

建话上感到烦困，结果不是错译，就是乱译。

孩子A 亲爱的妈妈，我刚刚抵达机场。这里的冬天非常冷，我觉得要适应这里不太容易。

〔福建话的叙述。

孩子D 朗松特夫妇到机场接我。你知道吗？我在机场时发生了一件事故。你在我皮箱里塞太多东西了，结果皮箱在关卡破开，那些 belachan[5] 和 haybee hiam[6] 全都倒了出来。

〔福建话的叙述。

孩子E 我觉得巴黎的生活太美妙了。我一直不断的学习新事物。而且我还学喝葡萄酒和吃乳酪呢。

〔福建话的叙述。

孩子K 朋友来接我，现在我住在他们那里。等我找到自己的房子后，再写信告诉你。

〔福建话的叙述。

孩子C 德萨斯州[7]是个非常大的地方，大到看不到边际。这里的风景真令人心旷神怡。

〔福建话的叙述。

孩子E 看过课程目录后，我已经选好这个学期要修读的课程，我相信这将是个多姿多采的学期。我修读的课程包括人类学、哲学、经济学、文学、心理学以及摇滚乐历史。

〔福建话的叙述。

孩子J 妈妈，你老了，可要好好照顾你的饮食，特别要避免那些含有高胆固醇的食物。

---

[5] belachan：用虾米做成的辣椒酱。

[6] haybee hiam：辣椒虾米。

[7] 德萨斯州：Texas，位于美国南部。

〔福建话的叙述。

妈妈 （一直用福建话）帮我写封信。问他是否还要 haybee hiam 或 sambal belachan 或其他什么的，我可以弄给他。告诉他睡觉要留意。因为那里天气很冷，告诉他睡觉要穿多几件衣服。除了睡衣，还要穿上一件长袖毛衣，那件黑色的。如果更冷的话，或许应该再穿双袜子。你从热带地方去，可要好好保重。现在最好穿多几件衣服，不然生病了看医生，更糟。

孩子K （已经不耐烦）好了，妈妈。“妈妈问你是不是还要 belachan 或 haybee hiam。如果还要的话，她会再寄些给你。穿暖和些。睡觉时要穿毛衣和袜子。”行了，妈妈，写好了。

〔孩子们的翻译不是用英语就是用华语。

妈妈 再帮我写另一封信。告诉他交朋友要小心。知人知面不知心。千万不要轻易相信任何人。但是你也要善待人家。我知道诚实做人往往也得不偿失，但你还是应该尽量和人家坦诚相待。特别是离开了自己的家乡，更需要朋友。

孩子E （已经非常不耐烦，说福建话）好了，我知道啦，妈妈，我知道啦。（英语）“妈妈叫你交友要交好人，但也要留意坏人。”好了，写完了。

妈妈 再帮我写另一封信。叫他不要乱花钱。你要知道赚钱不容易。每一分都是血汗钱。但如果有必要花钱的地方，譬如要买书或什么的，就应该花。如果这样，那你知道我会想办法寄多一些钱给你。最重要的是

你明白节俭的重要。和朋友谈钱的时候更要特别留神……

孩子A （已经很厌烦，说福建话）好了啦，妈妈，都已经那么大了，他知道怎么做的啦。（英语）“妈妈叫你要节俭，还有交友要小心。”写完了！

妈妈 告诉他：你大舅已经移居到那个什么地方了？……加拿大。我可能不会再见到他。我好难过，甚至也没到机场去送他，我怕会忍不住流泪……而你大舅母最近也出事了。非常严重呢。有一天她跌倒，然后半身瘫痪了。右边。她现在也不能讲话，只会哭。再也不能讲话……

孩子H （已经很不耐烦）好啦，好啦！（华语）“大舅已移居到加拿大。大舅母中风瘫痪了。”好，写完了。

孩子们 （很不耐烦，拒绝翻译）

哎呀，妈，你上星期不是刚写过嘛！

下星期才写啦。

好，好，“妈像往常一样问候你 。”

“妈还是那些提醒的话。”

“照样关心你的健康、钱财和安全。”

〔妈妈继续罗唆，孩子们却开始感到越来越不耐烦，声量也越提越高，可是没有效，于是，他们开始唱“ABC”歌，且越唱越大声，同时也渐渐感到疲累，终于放弃背人的游戏。

〔妈妈感觉到孩子们近乎敌意的不耐烦。她也生气了，更使劲的敲击地板。妈妈的气愤终于引起孩子们的注意。惊讶之余，他们放慢脚步，最后停下来。

〔妈妈敲击地板的声音达到一个高潮，然后突然停止。她低下头。

〔孩子们感到极度不安。他们围着妈妈蹲下来，仔细观察她。他们后悔了，甚至有些内疚。过了一会儿，他们互相打眼色，交换意见。然后他们一致站起来，开始唱《祝你生日快乐》。

〔妈妈缓缓地抬起头，惊奇地瞧着孩子们为她唱歌。她有点感动，站了起来。孩子们一个接一个上前祝福妈妈，并表达他们对她的爱。唱完后，妈妈已经不再悲伤。她试图走向他们，要回报他们的爱。可是他们一个个转过身去，似乎都回归各自的生活，妈妈已经不重要了。

〔妈妈意识到这个情况，更加觉得孤单。她转移视线，开始寻找小猫。当她找到小猫时，她把所有的关爱都倾注在安静的小猫身上。

警察 对了，她为什么每天三更半夜出门呢？

〔孩子们开始觉察到事态的严重。他们一转身，看着圆圈里的妈妈，可怜的她正躺在地上抚弄小猫。

孩子们 （说英语与华语）

我真的很想为她做点事，可就是没法抽出时间。

我想知道她在想些什么，但是我们现在一定要为她做点什么。

我可以接她到我家去住半年，可是她没法和我的孩子沟通。

我真的非常愿意让她时刻在我身边，但是我怎能安排这个时间？

我可以让她住在我家，但是我知道她不喜欢那里，因为没有人可以和她说话。

警察 而且和一只猫！在三更半夜！

孩子们 又是那只猫！

我跟你讲过，那只猫不吉利，你看它把妈妈弄成这个样子！

连警察都来了！

那只猫，该死的猫。要不是这只猫，妈妈绝不会变成这样！

猫在哪里？

猫在哪里？

我们去找猫！

我们去找猫！

猫！

猫！

〔他们开始疯狂的找猫。他们到处乱冲，越跑越快，直到一发不可收拾。结果，其中一人发现了猫，大家都加入追逐之中。接着他们团团围住小猫，然后一个个拥上去，把可怜的猫压在人堆下。

〔在小猫凄厉的嚎叫声中，妈妈不满的大声嘶喊，并跪在他们面前。

妈 妈 不要这样！不要这样！不要这样！

〔可是太迟了，一切归于死静。

〔妈妈站起来，走向人堆。她拉开一个又一个身体，终于找到小猫。她小心翼翼的把它抱起来，犹如搂抱着自己的孩子一样。

〔她一边走出去，一边唱着《一夜大一寸》[8]。就在她完全消失在黑暗中之前，她开始对着小猫讲述"兔子和乌龟"的故事，并提醒小猫要勤劳做事，坚持到底……

〔黑暗。〕

这是结合了十一位演员在作者主持的一系列密集工作坊中所累积的资料，并由作者加以结构写成的剧本。剧中采用的大部分素材是来自这十一位演员。

参与工作坊的，也是此剧首演八场的演员，有高金凤、沙士特然、杨世彬、张家庆、洪艺冰、吴悦娟、郭践红、梁瑞莲、许衍芳、郑秀慧及约翰·戴森松。

[8]一夜大一寸：闽南歌谣，摇篮曲。

导读

邹文学

现实生活里，我确实有个寻找小猫的妈妈。这里，先把我妈妈的故事说一说。

我妈妈那年跌进沟渠里，应该有88岁了。

“我没事做啊，隔两三天就要把冰橱里吃不完的面包拿去喂猫。”

从我哥哥家，她慢慢走到路口的天主教堂估计要十五分钟。

“教堂外面有一群猫，很好玩的。”

喂猫成了她的部分生活内容。可是，为什么她会掉进沟渠里？

“有两只猫在沟渠里，我要丢点面包给它们吃，一弯腰就栽下去了。”

妈妈说，她好不容易才爬出沟渠，然而腰痛得很，站不起身，后来是半爬半拖地回到了家。

老妈妈幸好没跌伤骨头，几天后就能如常行走了。

老人家面对的是什么问题？

戏里头，妈妈的孩子们给她唱生日歌，可是，这只是短暂的一刻，因为一转身孩子们又都得回归各自的生活。

警察提起，妈妈每天三更半夜都出门，那又是为什么呢？于是，孩子们努力找答案，最终他们认为妈妈没睡好觉全是因为那只猫。猫结果被处死了。

猫死了，妈妈当然还可以再抱只小猫回家。我妈妈后来也不再去教堂喂猫了，可是她的时间又是怎样捱过去的呢？

较少阅读剧本的年轻朋友或许能从我的故事里，寻找到阅读本剧的背景。

很多年前我看过舞台上的演出，挺感动人的。那是舞台演出调动了所有因素，尤其是演员的精彩表演取得的效果。

阅读剧本的乐趣，很多时候要结合我们已有的看戏经验才能获得补充。专家便曾指出：阅读剧本时要赋予多一些想像，想像戏中的场景，想像演员的表情，甚至想像演员这时刻的动作与台位。

不过，看完戏又再回头读剧本，有时也会有额外的收获。

重读《寻找小猫的妈妈》，留意到剧作者多次的语言种类的提示。如：“妈妈”在全剧始终只说福建话（闽南话）“老人”只说淡米尔语，“他们”说英语或华语，以及一段以闽南语翻译英文和华文书信的设计等，我似乎又有了多一层的领悟。

多年前看戏的时候，我较少感受到演员所选用语言的冲击，我猜想那是因为我都听得懂（除了淡米尔语）不曾出现理解障碍。现在读剧本才感觉到那是创作者非常强调的戏剧元素。

年轻的读者应该不难理解作者要表达的观点，少说方言的政策对老一辈人家造成的打击，是非常严重的。几乎是把他们推入一个有人却听不见声音的防空壕里，吃喝虽不愁，却很难呆太久。

所以，读剧本时，聪明的读者还需具有听觉的想像力，那么，一幅幅鸡同鸭讲的立体声画面便能出现。

也许创作者还赋予《寻找小猫的妈妈》更深刻的命题。比如有专家提到，本剧还在于反映个人在一个毫无伸缩性的专制社会所面临的困境，以及个人为了维持生命尊严却可能被这个专制的体制击倒的命运。

读剧本和看戏一样，我以为不可强求，因为强求得来的观感，从一名读者或观众的角度来审视，那便会含有过多的穿凿附会。

艺术创作理论里便有这么一说，创作者的主观愿望是一回事，客观效果却又是另一回事。

让我们以轻松的心情来看戏读剧本，特别是郭宝崑的作品。予取予求，看来还是比较实际和可行的探索戏剧宝库的方式。

作者简介

邹文学

1970至1990年代活跃于华语剧坛，前生活剧社负责人，曾任新加坡戏剧团体联合会主席多年。《棺材太大洞太小》首演演员。现任联合晚报采访主任。

问卷

选择题

1 剧中，妈妈和孩子们很难沟通，以下哪一点不是原因？

- ❑ 他们都有语言的障碍。
- ❑ 孩子们都有各自的生活。
- ❑ 孩子们都不喜欢罗唆的老人。
- ❑ 孩子们已经不爱听老人讲故事了。

2 妈妈和印度老人却能沟通，原因是：

- ❑ 他们都疼爱小猫。
- ❑ 他们都被孩子遗弃。
- ❑ 他们有语言天份。
- ❑ 他们能运用表情和动作。

3 剧中的妈妈，她最感到痛心的事是哪一件？

- ❑ 孩子们对她没有耐心。
- ❑ 孩子们不让她养猫。
- ❑ 孩子们要把猫赶走。
- ❑ 孩子们把猫杀死。

问答题

1 照你看，剧中的妈妈为什么特别爱猫？

2 孩子们对妈妈的关心，哪些是真诚的，哪些是虚假的？

3 试举出现实生活中的两个例子，说明我们的社会对老人的漠视。

专题作业建议

1 从家庭悲剧的个案中，找出两代甚至三代之间的矛盾，加以分析，并提出解决代沟的建议。

2 从自己的家庭成员或亲戚中有不同语言背景的人，观察他们沟通的方式。可通过录音、录象等方式，记录沟通的经过，并做成报告。

3 让不同种族的同学以各自的语言沟通，观察沟通的渠道。可以用即兴表演的方式进行。

演出建议

* 剧中的妈妈和印度人都只说自己的母语：妈妈是讲一种方言（福建／广东或演员擅长的方言），印度人讲淡米尔语。如果演员是马来人，也可以讲马来话。
* 剧中其他语言的运用都可以灵活处理。
* 演出以演员的表演为核心，剧中地点随人物活动而改变，即使没有布景，也一样可以靠表演吸引观众。
* 除了妈妈和印度人，其他人物可以“一人多角”。

关于郭宝崑

郭宝崑在1939年生于中国河北省，1949年移居新加坡。1959年赴澳洲，后进入悉尼澳洲国立戏剧学院。1965年回新加坡和妻子吴丽娟共同创办实践表演艺术学院；1986年成立实践话剧团；1989年创办新加坡第一间民办艺术中心电力站艺术之家；1999年首创多元性的“剧场训练与研究课程”。

他曾在新加坡电台和丽的呼声当兼职广播员；在新加坡电视台任导播；曾受聘新加坡中华总商会，任助理秘书；也曾任南洋理工大学国立教育学院的戏剧客座教授。

郭宝崑在1976年因政治原因被政府援引内部安全法令加以无审讯、无限期拘留；1980年在限制居留和旅行条例下获得释放。

从1965年起，郭宝崑便积极投入戏剧教学、创作、导演和多元文化交流工作。已出版的剧本集有《棺材太大洞太小》、

《边缘意象》。他的剧本已译成马来文、淡米尔文、日文、奥地利文、印尼文等；作品也曾在英国、德国、奥地利、埃及、印度、澳洲、中国、日本、香港、台湾等地的艺术节上演。

郭宝崑曾分别受邀到美国、德国、法国、英国、奥地利、澳洲、日本、韩国、香港考察剧场和戏剧院校；也曾多次受邀向本地的主要机关部门、国内外的文化团体发表专题演讲。1990年起先后获颁新加坡文化奖（戏剧）、新加坡日本商会新加坡基金之文化奖、法国文化艺术骑士勋章、亚细安文化奖（戏剧）、新加坡卓越奖。

2002年9月10日，郭宝崑因肝癌逝世，享年63岁。

延伸阅读

郭宝崑的作品

- 《棺材太大洞太小》。新加坡：草根书室。1986年。
- *The Coffin is too Big for the Hole and Other Plays*. Singapore: Times Books International. 1990.
- 《边缘意象：郭宝崑戏剧集（1983–1992）》。柯思仁主编。新加坡：时报出版社。1995年。
- *Images at the Margins: A Collection of Kuo Pao Kun's Plays*. Singapore: Times Books International. 2000.
- *Two Plays by Kuo Pao Kun: Descendants of the Eunuch and The Spirits Play*. Edited by C.J.W.-L. Wee and Lee Chee Keng. Singapore: SNP Editions. 2002.
- 《郭宝崑全集》。收集郭宝崑所有的戏剧、评论、演讲、访问、笔记等，将由八方文化企业公司，从2003年底开始，陆续出版。

关于郭宝崑·评论郭宝崑

- Max le Blond, "Kuo Pao Kun". In Eugene Benson and L.W. Conolly, eds. *Encyclopedia of Post-Colonial Literatures in English*. London: Routledge. 1994.
- "Between Two Worlds: A Conversation with Kuo Pao Kun". In *10 Years of Singapore Theatre, 1987–1997*. Singapore: The Necessary Stage. 1997.
- 柯思仁〈郭宝崑：新加坡当代戏剧巨匠〉。载《表演艺术》。2000年7月(第91期)。
- "Kuo Pao Kun [An Interview]". In Ronald Klein, ed. *Interlogue: Studies in Singapore Literature, Volume 4: Interviews*. Singapore: Ethos Books. 2001.
- Quah Sy Ren, "Evolving Multilingual Theatre in Singapore: The Case of Kuo Pao Kun". In Leo Suryadinata, ed. *Ethnic Chinese in Singapore and Malaysia: A Dialogue between Tradition and Modernity*. Singapore: Times Academic Press. 2002.
- 萧佳慧〈在荒原上播戏剧种子〉。载《亚洲周刊》。2002年3月11日。
- 郭建文、张夏帏主编《郭宝崑：风风雨雨又一生》。新加坡：闯新文化私人有限公司。2003年。
- Margaret Chan, "Kuo Pao Kun: The Spirit of the Eagle". *Contemporary Theatre Review*, vol. 13, no. 3. 2003.
- 陈鸣鸾、韩永元、林春兰编《缝制一条记忆的百衲被：郭宝崑的故事》。新加坡：新意元开展室。2003年。

编后话

韩劳达

宝崑走了，然而他的人格，他的言论、他的作品，凝成的总的光辉形象，一直存活在许多人的心上。我常对自己说：反正平时太忙，难得见上一面，这回且当作他的另一次远行吧。只是这次了无归期，留给他深爱的人、深爱的事业无可弥补的遗憾。

大家聚首规划出版宝崑的纪念全集的时候，我深有感触。全集的出版，将是他给这个国家和人民留下的最宝贵的精神财富。我由衷感激和佩服总编辑柯思仁，以及许多同仁同好为这项文化保存和发扬的大工程完全义务地投入自己的心血。

会议上，我提出了应该有一本学生版的郭宝崑戏剧集，并且在全国范围内争取中学生阅读。由于工作的关系，我经常和中学生接触。从谈话中、文稿中不难发现，他们大多数不关心艺术活动，不认识我国的艺术家。当然，很多学生不知道我们刚失去的郭宝崑，曾经，也将继续对新加坡的戏剧艺术和人文历史做出无可替代的贡献。我希望，我们的下一代在成年后谈论

历史的时候，不至于对“棺材太大洞太小”、“傻姑娘和怪老树”所蕴含的寓意感到陌生；不至于对来自外国的研究者推崇郭宝崑戏剧感到愕然。

出版方案提出来，责任编辑于是责无旁贷地落在我身上。

选这几个短剧，是宝崑剧作中的短篇，也是精品。我想，我们的下一代如果能熟悉这几个短篇，应该足以窥探宝崑的内心世界和恢宏的艺术视野。如果一部分学生以这本小书作起点，学习郭宝崑关怀社会，针砭时弊的精神，进而全面认识、研究郭宝崑，甚至执笔创作剧本，那将是更大的收获。

非常感激几篇“导读”的撰写人，他们对剧本的解读相信能帮助学生读者在理解的层面上有所深化。

文后的阅读考查，并非争取满分的测验。它纯粹是提供理解上的锻炼机会，因此拟选择题时预设了似是而非的答案，让读者做深层的思考。不提供标准答案，是为了留给读者一些争辩、分析的机会，从而对剧本的内涵有深入的认识。

但愿学校校长、老师、戏剧会负责人能引导学生阅读、排练这几个剧本。这是认识郭宝崑精神的最佳途径。

阅览八方 共享文化

我要上天的那一晚

郭宝崑剧作选读

主　　编	韩劳达
编辑顾问	柯思仁
企划编辑	梁文宁／薛淑慧
责任编辑	薛淑慧
封面／内页设计	何美娇
绘　　图	郜茜茜
出　　版	八方文化企业公司 5, Toh Tuck Link, Singapore 596224 www.globalpublishing.com.sg
发　　行	八方文化企业公司 （世界科技出版公司之附属机构）
联　　络	65-64665775 支线 432/433 chpub@wspc.com
印　　刷	World Scientific Printers (S) Pte Ltd
初　　版	2003年9月
国际书号	1-879771-84-5
定　　价	S$10
版权所有	© 2003 八方文化企业公司

八方文化

八方文化企业公司为世界科技出版公司之附属公司，专职出版中文书籍与中英文双语书籍。出版方向为介绍世界各地著名华人学者的言论和作品，以及推介具有代表性、地域性的评论及文学著作。我们希望为促进东西方文化交流、增进东西方国家之间的相互了解，作出积极贡献。

世界科技出版公司总部及海外分公司

总部(新加坡)
World Scientific Publishing Co. Pte. Ltd
5 Toh Tuck Link
SINGAPORE 596224

美国
1060 Main Street, Suite 202
River Edge, NJ07661, USA

英国
57 Shelton Street, Covent Garden
London, WC2H 9HE, ENGLAND

香港
九龙中央邮箱72482
香港

台湾
台北市新生南路三段
88号5楼之6
台湾

上海
上海滩国际大厦
黄浦路99号2003室
邮编200080

印度
#10 Royal Park, 34 Park Road
Tasker Town, Bangalore
560 051, INDIA